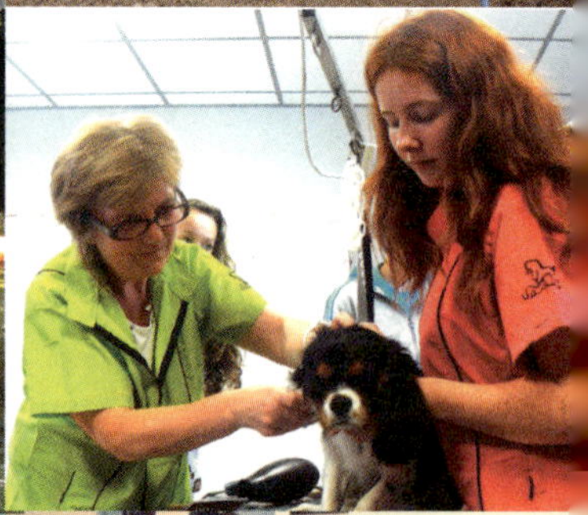

Merci à la
4eA du collège de Pommerit-
et à Clémentine de Saint-Malo

REMERCIEMENTS

Tout est parti des **témoignages** des lecteurs d'***Okapi***.
On en a discuté avec des **ados** (4e A) du collège de **Pommerit-Jaudy**,
des ados de Plestin-Les-Grèves et même de Saint-Malo.
On a cherché des réponses, dans le même esprit que ***Génération Ado Le dico***.
On a en plus fouillé dans le passé : du côté des **tribus**, de leur mode de vie,
pour voir comment nos petits problèmes actuels étaient alors traités.
Ça a donné une nouvelle aventure : celle d'un **médecin** (**Nathalie**),
celle d'une **anthropologue** (**Sylvie**), et celle d'une **quarantaine d'ados** bretons motivés,
qui n'ont pas les pieds dans le même sabot !

Alors pour le
QUESTIONS ADO
Filles Garçons en 100 questions

on tient vraiment à remercier...
Brice, Charlotte, Fanny, pour leur humour décalé,
Eva pour ses encouragements appréciés,
Nathalie (Bayard Éditions) pour sa confiance totale dans ce projet,
les illustrateurs, toujours aussi inspirés avec leurs drôles de dessins,
Janine Troadec qui nous a ouvert en grand les portes du collège de Pommerit.
Et enfin, **Florian Paytra,** qui anime le Point Information Jeunesse de Plestin.

Sans oublier, bien sûr, les premiers concernés :
tous les ados participants aux témoignages et aux réponses toutes prêtes,
en particulier : Clémentine Ollivier, Zoé Moalic, Enora Le Vu, Lucie Quillivéré, Adèle Le Manchec,
Iona Le Jamtel, Océane Rondouin, Margaux Gélard, Maëlla Martin, Marine Guézou, Chloé Loisel,
Océane Daniel, Anaïs Raoux, Lucie Levalois, pour les filles,
Et Maxime Vasseur, Samy Pollastri, Jean Victor Coulis, Kévin Querrien, Pierre Kerriou,
Alan Trémeur, Eugène André, Louis Le Borgne, Gabin Lainez, Jessy Pasto,
Maël Magenham-Cario, Jonathan Bernard, Yann Crichan, Antoine Lancien,
Jean Benoît Le Ménec, Johann Grall, Pierre Abgral, Clément Le Parc, Julien Coquantif,
Arthur Menou, Jamal Menou, Julien Montesquieu, pour les garçons.

Filles Garçons en 100 questions

QUESTIONS ADO

TEXTES :
Nathalie Szapiro-Manoukian
Sylvie Friedman

ILLUSTRATIONS :
El don Guillermo - Régis Faller

bayard jeunesse

TU TROUVERAS DANS CE LIVRE

1

Mon corps, mon image

2

mo

Ma tête
aractère

3

Ma famille, mes amis

5

4

Mon présent, mon futur

Mes amours

6

Mes idées toutes faites

LA PAROLE AUX COLLÉGIENS

Clémentine

Nom CLÉMENTINE OLLIVIER

J'aime : Le sport, les voyages, ma famille, mes amis… enfin, pas forcément dans cet ordre !

J'aime pas : Qu'on m'interdise de faire ce que j'aime bien !

Ma phrase préférée : « Follow that dream ! « Suis ce rêve », pour ceux qui ne connaissent pas cette chanson d'Elvis… et qui sont vraiment nuls en anglais !

Un truc rigolo qui m'est arrivé : Aller en chaussons à l'école sans m'en rendre compte sur le coup !

La plus grosse gaffe de ma vie : J'en ai fait tellement que je ne m'en rappelle plus !

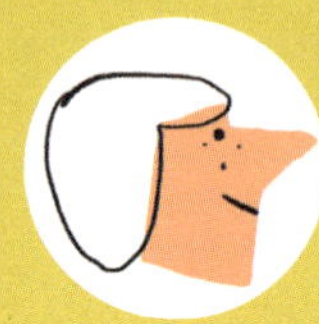

Eugène

Nom EUGÈNE ANDRÉ

J'aime : Le sport et la moto.

J'aime pas : Bosser mes cours.

Ma phrase préférée : « Yes, Mex ! »

Un truc rigolo qui m'est arrivé : J'ai une tête de rigolo, moi ?

La plus grosse gaffe de ma vie : Des gaffes moi ? Jamais ! Je suis un élève modèle !

Samy

Nom SAMY POLLASTRI

J'aime : Les sports collectifs et les jeux vidéo.

J'aime pas : Me disputer avec mes amis.

Mon expression préférée : « Être ou ne pas être, telle est la question… »

Un truc rigolo qui m'est arrivé : Faire semblant de tomber pour rire et tomber pour de vrai.

La plus grosse gaffe de ma vie : J'ai oublié !

Kevin

Nom KEVIN QUERRIEN

J'aime : Le foot et l'ordinateur.

J'aime pas : Mais alors pas du tout les tâches ménagères !

Mon expression préférée : Rien à dire.

Un truc rigolo qui m'est arrivé : Glisser sur la boue et atterrir sur les fesses en plein dedans.

La plus grosse gaffe de ma vie : Joker !

Jessy

Nom JESSY PASTO

J'aime : Le tracteur… Ça t'étonne ?

J'aime pas : Rien ! Je suis facile !

Mon expression préférée : Je m'en bats les reins, cousin !

Un truc rigolo qui m'est arrivé : Tomber dans les ronces en vélo, après une descente de fou… enfin, c'était surtout rigolo pour les autres !

La plus grosse gaffe de ma vie : À toi de me le dire !

Alan

Nom ALAN TRÉMEUR

J'aime : Les vacances.

J'aime pas : L'école (logique !)

Ma phrase préférée : J'en ai pas !

Un truc rigolo qui m'est arrivé : Top secret !

La plus grosse trouille de ma vie : Avoir failli passer sous une voiture !

Margaux

Nom MARGAUX GÉLARD

J'aime : Les animaux et le motocross.

J'aime pas : Les insectes.

Ma phrase préférée : « Toujours battant, jamais battue ! »

Un truc rigolo qui m'est arrivé : Devine !

La plus grosse gaffe de ma vie : Jamais faite !

Océane

Nom OCÉANE RONDOUiN

J'aime : L'équitation.

J'aime pas : Le rugby, les épinards et les choux-fleurs.

Mon expression préférée : « LOL. »

Un truc rigolo qui m'est arrivé : Même réponse que Margaux !

Ma plus grosse honte : Oublier de mettre mes étriers à cheval et tomber comme une débutante devant tout le monde !

Iona

Nom iONA LE JAMTEL

J'aime : Les chevaux, les chiens, le sport, mes amis et ma famille.

J'aime pas : Les araignées et les menteurs.

Un truc rigolo qui m'est arrivé : Ah, ah… T'aimerais bien savoir !

La plus grosse gaffe de ma vie : Je ne vois toujours pas (et je ne mens toujours pas !).

Jonathan

Nom JONATHAN BERNARD

J'aime : Le foot et le handball.

J'aime pas : Les devoirs et monter à cheval.

Mon expression préférée : « Fume avant que la vie te fume ! »

La plus grosse gaffe de ma vie : Répéter à tout le monde ce que quelqu'un m'avait dit sans penser que c'était un secret.

Enora

Nom ENORA LE VU

J'aime : Les séries TV, les chevaux, la musique, la lecture.

J'aime pas : Les grosses araignées, les maths, la maltraitance et le racisme.

Ma phrase préférée : « Trop souvent déçu par l'homme, je me suis réfugié auprès des chevaux » (Jean-François Pignon, l'homme qui parle « le » cheval).

Un truc rigolo qui m'est arrivé : Boire un verre d'eau au milieu d'un fou rire et faire prendre la douche à mes amies en explosant de rire !

La plus grosse gaffe de ma vie : Ce sont plutôt les fois où il n'y a pas eu de gaffe qu'il faudrait compter !

ÉCRIT PAR...

LA PAROLE AUX COLLÉGIENS

Maxime

Nom MAXIME VASSEUR

J'aime : Les jeux vidéo et les compétitions entre joueurs.

J'aime pas : Les lèche-botte.

Mon expression préférée : Il n'y en a pas.

Un truc rigolo qui m'est arrivé : Demander un mot d'excuse avec Maël alors qu'on n'était même pas en retard au collège !

La plus grosse gaffe de ma vie : Je ne gaffe jamais !

Maël

Nom MAËL MAGENHAM-CARIO

J'aime : La guitare et les films d'action.

J'aime pas : Le jardinage.

Ma phrase préférée : Rien de spécial.

Un truc rigolo qui m'est arrivé : Demander un mot d'excuse avec Maxime alors qu'on n'était même pas en retard au collège !

La plus grosse gaffe de ma vie : Je ne trouve pas...

Gabin

Nom GABIN LAINEZ

J'aime : La mécanique.

J'aime pas : Rien en particulier.

Mon expression préférée : Je ne vois pas...

Un truc rigolo qui m'est arrivé : Tomber devant tout le monde alors que ce n'était vraiment pas le moment !

La plus grosse gaffe de ma vie : Dire un truc et me rendre compte que je n'aurais pas dû le dire au moment où je l'ai dit.

Lucie

Nom LUCIE QUILLIVÉRÉ

J'aime : L'équitation et les animaux.

J'aime pas : Les araignées.

Mon expression préférée : Je n'en ai pas.

Un truc rigolo qui m'est arrivé : Glisser sur une plaque de verglas à un passage piéton et chuter juste devant la voiture qui s'était arrêtée pour me laisser passer !

La plus grosse gaffe de ma vie : Je ne m'en rappelle plus !

Anaïs

Nom ANAÏS RAOUX

Jean-Victor

Nom JEAN-VICTOR COULIS

J'aime : Les chevaux, les chiens... et les poissons !

J'aime pas : Le foot et les grosses chaleurs.

Ma phrase préférée : « Ma doué béniguet » (Pour ceux qui ne parlent pas encore le breton : exprime la stupéfaction, l'effarement).

Un truc rigolo qui m'est arrivé : Ah, ah !

La plus grosse gaffe de ma vie : Je cherche !

Louis

Nom LOUIS LE BORGNE

J'aime : L'équitation et le métier d'agriculteur.

J'aime pas : Perdre !

Mon expression préférée :
« Quand même ! »

Un truc rigolo qui m'est arrivé :
Tu ne sauras pas !

La plus grosse gaffe de ma vie :
Je n'en ai jamais fait... En tout cas, je ne m'en souviens pas !

Maëlla

Nom MAËLLA MARTIN

J'aime : L'équitation, le sport, bien manger et les enfants !

J'aime pas : Les épinards et l'anglais !

Mon expression préférée :
Aucune.

Un truc rigolo qui m'est arrivé et ma plus grosse honte : À la patinoire, une copine m'a lancé un paquet de bonbons et je suis tombée dessus en voulant le rattraper. Bilan : des bonbons écrasés et tout le monde qui s'est mis à me regarder... y compris les garçons qui nous plaisaient !

Pierre

Nom PIERRE KERRIOU

J'aime : Tout ce qui est en rapport avec la nature.

J'aime pas : Être puni ou voir une araignée.

Mon expression préférée :
« C'est pas l'homme qui prend la mer, c'est la mer qui prend l'homme. »

Un truc rigolo qui m'est arrivé :
Et toi ?

Ma plus grosse honte : Donner un bon coup de raquette de ping-pong à quelqu'un sans le faire exprès, mais quand même !

J'aime : Les animaux et me promener dans les bois.

J'aime pas : Ceux qui ne nous aiment pas avec mes amis !

Mon expression préférée : Aucune.

Un truc rigolo qui m'est arrivé : Faire une drôle de tête pour rire et être prise en photo avant d'avoir eu le temps d'en changer !

La plus grosse gaffe de ma vie :
Pas concernée !

Zoé

Nom ZOÉ MOALIC

J'aime : Les animaux, l'équitation.

J'aime pas : Le vent (faut dire que ça souffle par ici !).

Ma phrase préférée : Rien à signaler.

Un truc rigolo qui m'est arrivé : Chut !

La plus grosse gaffe de ma vie : ReChut !

Adèle

Nom ADÈLE LE MANCHEC

J'aime : L'anglais, l'espagnol et les bonbons (surtout quand ce n'est pas moi qui les achète !).

J'aime pas : Qu'on me contredise !

Mon expression préférée :
« La vengeance est un plat qui se mange froid. »

Un truc rigolo qui m'est arrivé :
Il y en a tellement, je ne vais pas raconter ma vie !

La plus grosse gaffe de ma vie :
Dire à un tout-petit que le Père Noël n'existe pas !

KICÉKI

ÉCRIT PAR...

LA PAROLE AUX PROS

Nathalie Szapiro-Manoukian

Ce que je voulais être
Vétérinaire.

Ce que j'ai fait
Des études de médecine.

Et maintenant
Une fois médecin, je me suis mise à travailler… comme journaliste ! J'écris donc beaucoup d'articles de santé sur les jeunes et les moins jeunes (pour *Le Figaro*, *Notre Temps*, *Le Quotidien du Médecin*, etc.) et comme je suis du genre têtu, j'écris également beaucoup d'articles sur les animaux (pour *Trente Millions d'Amis*). J'écris aussi des livres, notamment pour les éditions Bayard (*Génération Ado*, *le Dico*). La routine professionnelle ? Je ne connais pas !

Mon dicton préféré
Qui ne tente rien, n'a rien. Autrement dit, n'écoute pas ceux qui te disent que tu n'y arriveras jamais. Fonce, tente ta chance, quel est le risque ?! Ce qui est grave, ce n'est pas de ne pas y arriver (c'est une expérience et c'est toujours positif au final). C'est de ne pas avoir essayé…

J'AIME…

Interviewer des scientifiques capables de soulever des montagnes pour améliorer le quotidien des gens ou mieux protéger la faune et la flore.

Les inventions utiles au plus grand nombre ou celles qui font rire et rêver.

J'AIME PAS…

La pression de certains soit-disant « bien-pensants » pour dire et faire comme tout le monde.

La violence et le silence coupable de la société face aux maltraitances des plus vulnérables, animaux compris.

Les présentateurs météo qui font preuve d'une mauvaise foi incroyable concernant la Bretagne et ce n'est pas Sylvie qui me contredira !

ILLUSTRÉ PAR...

El don Guillermo

Sylvie Friedman

Ce que je voulais être

Écrivain.

Ce que j'ai fait

Du journalisme, puis des études d'anthropologie.

Et maintenant

Je continue les activités que j'ai toujours menées. Et j'ai créé un site à la mémoire d'Alfred Métraux, un anthropologue globe-trotteur, et de sa femme, Fernande Schulmann, qui a voyagé dans le monde entier et beaucoup écrit elle aussi. J'ai toujours une grande curiosité pour les trajets de vie.

Mon dicton préféré

C'est une prière indienne : « Grand Esprit, fais que je ne critique pas mon voisin avant d'avoir marché un mile dans ses mocassins. » Autrement dit, ne juge pas les autres mais aussi, ne te juge pas toi-même. Va de l'avant, avec l'esprit le plus ouvert possible, à la rencontre de la diversité des hommes et des cultures !

J'AIME...

La curiosité. Je pense que les formes de vie sont extrêmement diverses, que le monde est fantastique dans sa variété et que tout cela mérite notre attention, notre respect, notre admiration même ! J'espère garder un esprit jeune et frais, apte à l'émerveillement, jusqu'à mes 120 ans !

J'AIME PAS...

Les petites civilisations qui disparaissent, les langues qui se raréfient, l'uniformisation de nos espaces de vie. Heureusement, il y a des initiatives passionnantes ! Je crois que l'homme a la capacité formidable de se dépasser lui-même et donc de transformer le monde autour de lui.

Régis Faller

Le pro du picto
- marié à Photoshop,
- équipé d'un trinitron8x pentium128GoForceVidia254 Xtra88DDVProcessorSinch2b XB77tools3DMegaSwitch.
- Phrase préférée : « Je suis le périphérique préféré de mon ordinateur ! »

QUESTIONS ADO

Gargouillis, petits bruits… comment gérer ce qui n'est pas sexy ?

« J'ai souvent le hoquet ou mon ventre qui fait des gargouillis et *ça fait rire toute la classe* quand ça se produit dans le silence. Je ne le fais pas exprès et j'aimerais bien que ça s'arrête, comment faire ? » Anonyme

« **Mes amies ne vont pas aux toilettes de la journée mais moi, j'en ai besoin !** Notre endroit préféré est situé à l'opposé des toilettes et quand je dois y aller, mon absence se remarque. **J'ai peur qu'elles se moquent de moi.** Comment faire ? » **Anonyme**

Quelques réponses toutes prêtes…

Si on se moque de toi parce que tu as une envie pressante ou que ton corps émet de drôles de bruits, tu peux toujours répondre :

Version gonflée à bloc

« Tu veux une nouvelle démo ? »
Anonyme

Version ET

« C'est normal d'avoir une envie pressante, ce qui ne l'est pas, c'est de ne jamais y aller. T'es un Alien ? »
Kevin

Version musicienne

« Je me sers de mon corps comme instrument de musique, et là, je suis en répétition. Merci de ne pas me déranger ! »
Anonyme

L'ANTHROPOLOGUE VOUS DIT TOUT

Le rot de la discorde

Chaque culture accorde des valeurs différentes aux besoins exprimés par le corps. Dans les pays arabes, faire entendre un rot à la fin d'un repas montre qu'on l'a apprécié. Cependant, ne t'avise pas d'en faire autant en Occident sous peine de passer pour quelqu'un de mal élevé !

L'AVIS DU DOC

Pourquoi ça m'arrive ?

Certains besoins naturels, comme avoir envie de faire pipi, témoignent du bon fonctionnement de ton corps. Quant aux divers bruitages qui peuvent être gênants lorsqu'ils se produisent en société – hoquets, éructations, bâillements sonores, gargouillements, flatulences, etc. –, ils sont souvent indépendants de ta volonté et touchent d'ailleurs la plupart de ceux qui rigolent quand ça t'arrive. En toute honnêteté, n'es-tu pas le premier à en rire toi aussi, quand ça arrive à un autre ?

Tu ne peux pas lutter contre la nature et, de toute façon, il n'y a rien de honteux dans tout cela. Si tu ressens le besoin d'aller aux toilettes à la récréation, au lieu de te chercher une excuse bidon, dis où tu vas de la façon la plus naturelle qui soit. La première fois, cela te fera peut-être rougir, mais rapidement, tu t'apercevras que tes amis n'y feront plus attention. Surtout, ne cherche pas à boire moins que d'habitude ou à te retenir d'aller aux toilettes dans l'espoir d'éviter cette petite « corvée », car à ce petit jeu, tu risques surtout une infection urinaire. En effet, une vessie a besoin d'être vidée plusieurs fois par jour, pour empêcher que des bactéries aient le temps de s'y installer et de s'y multiplier. Et à trop te retenir, tu risques une incontinence urinaire plus tard (impossibilité de retenir tes urines), ce qui est bien pire.

Comment faire ?

Il est un peu plus facile de limiter les rots, gargouillements et flatulences, en évitant d'avaler trop d'air (ça veut dire moins de boissons gazeuses et moins de chewing-gums) et en diminuant ta consommation de fromages fermentés (comme les camemberts), de viandes et de poissons fumés, de crucifères (choux) et de crudités qui peuvent te ballonner.

Vrai ou faux ?

Un bon bâilleur en fait bâiller sept !

Ce dicton est en partie vrai ! Bâiller est un réflexe indépendant de ta volonté et qui existe déjà chez le fœtus. Le fait de regarder quelqu'un bâiller active une petite région du cerveau et provoque le réflexe du bâillement. Contrairement à une idée reçue, bâiller ne veut pas dire que tu t'ennuies, mais que ton cerveau essaie d'accroître ta vigilance à un moment où il accuse une petite baisse de rendement : à rappeler d'urgence à ton prof s'il te surprend en flagrant « délit » de bâillement !

Mes cheveux changent de couleur, de forme, pourquoi ?

« En ce moment et depuis peu, lorsque je prends ma douche mes cheveux tombent ou se cassent. Je ne sais pas quoi faire pour que ça s'arrête. »
CHARLOTTE

« Pourquoi mes cheveux sont passés du raide au bouclé ? »
CLÉMENTINE, 12 ANS

Quelques réponses toutes prêtes…

Si quelqu'un se moque de toi parce que tu as les cheveux frisés ou parce qu'ils sont couleur poil de carotte, tu peux toujours répondre :

Version tac au tac

« Ma tête de mouton est plus mignonne que ta face de rat ! »
CLÉMENTINE

Version dicton

« Mes cheveux sont peut-être de la couleur des carottes, mais toi, tu devrais les manger, ça te rendrait aimable ! »
CLÉMENTINE

Version conjugaison

« Je suis comme je suis, tu es comme tu es… Je continue ou t'as compris ? »
ARTHUR

Version stylée

« Moi au moins, on me remarque ! »
MATHILDE

L'ANTHROPOLOGUE VOUS DIT TOUT

Un héritage chevelu

Le cheveu est une des productions du corps qui résistent le mieux au temps. Les femmes yao, une des cinquante-six ethnies de la République populaire de Chine, ne se coupent les cheveux que deux fois dans leur vie, une fois à 18 ans et une fois après 50 ans. Elles récupèrent tous leurs cheveux coupés ou tombés pour les ajouter à leur chevelure qui fait plus de 2 mètres ! Elles y ajoutent les cheveux reçus en héritage de leur mère ou de leur grand-mère.

Pourquoi ça m'arrive ?

Ce n'est pas la première fois que tes cheveux changent d'aspect et ce n'est pas non plus la dernière ! Pour t'en convaincre, tu n'as qu'à regarder tes photos depuis ta naissance jusqu'à aujourd'hui. Cela s'explique par le fait que les cheveux sont vivants, et donc qu'ils réagissent aussi à leur environnement. Le soleil a tendance à les éclaircir. Les hormones produites tout au long de la vie peuvent changer leur texture et leur aspect. À l'adolescence, c'est la production d'hormones androgènes (principalement chez les garçons, mais aussi à petite dose chez les filles) qui serait à l'origine du changement de la nature de tes cheveux – de raide à bouclée par exemple – et d'une couleur plus foncée chez ceux qui étaient blonds jusqu'ici. Par ailleurs, des chercheurs australiens se sont aperçus que certains médicaments utilisés contre la douleur, l'acné, la dépression, certaines maladies de la peau, etc. avaient aussi ce pouvoir de changer la couleur des cheveux ou de les rendre frisés.

Comment faire ?

Tant que ça te plaît, ce n'est pas un problème ! Là où ça le devient, c'est lorsque les fameux androgènes rendent tes cheveux gras et/ou tombants et que le fait d'utiliser des shampooings pour cheveux gras n'y change rien. Méfie-toi de ceux qui te conseillent de les laver en permanence car ça peut vraiment finir par agresser ton cuir chevelu et produire encore plus de sébum (donc les rendre encore plus gras). Même chose pour les teintures, le lisseur et le sèche-cheveux trop chaud : c'est agressif ! Si tu ne t'en sors pas, il vaut mieux en parler au dermatologue qu'au coiffeur, ce sera plus efficace.

Vrai ou faux ?

La levure de bière aide à retrouver une bonne nature de cheveux.

Vrai ! La levure de bière qui se vend en comprimés ou en gélules (en pharmacie, sans ordonnance), ou encore en poudre au rayon diététique des magasins bio, est riche en vitamines B, indispensables à la synthèse de la kératine qui donne leur force à tes cheveux. C'est pourquoi une cure de levure de bière peut t'aider à lutter contre leur chute et leur rendre leur éclat. Ça marche aussi pour les poils de ton chien ou de ton chat !

Pourquoi il n'y a que moi avec un défaut pareil ?

« Au collège, mes amis se moquent de moi parce que je suis moche… » Anonyme, 15 ans

« J'ai d'énormes **poches sous les yeux**, au collège une 5e m'a demandé si j'avais reçu un coup de poing dans l'œil. Dites-moi comment faire pour qu'elles disparaissent à jamais ! » **Marie, 11 ans**

« J'ai les oreilles décollées et beaucoup de gens se moquent de moi à l'école et me traitent de Dumbo l'éléphant. J'essaie de les ignorer mais je n'y arrive pas, comment faire ? » Anonyme

Quelques réponses toutes prêtes…

Si quelqu'un se moque de ton visage ou de ton physique, tu peux toujours répondre :

Version tac au tac
« C'est celui qui dit qui y est ! »
Anonyme

Version Johnny Halliday
« Quoi ma gueule, qu'est-ce qu'elle a ma gueule ? »
Anonyme

Version artistique
« Eh oui, j'aurais pu être modèle pour Picasso. La classe ! »
Enora

Version Cyrano
« Mon nez ? C'est un roc ! Un pic, un cap ! Que dis-je un cap ? C'est une péninsule ! »
Mathilde

L'ANTHROPOLOGUE VOUS DIT TOUT

Concours de popotins !

Les critères de beauté ne sont pas les mêmes selon les cultures et selon les sexes : par exemple, les femmes s'allongent le cou en Thaïlande, se rapetissent les pieds en Chine, essaient d'avoir un derrière le plus gros possible en Mauritanie. Imagine si cette « mode » arrivait jusque dans ton collège !

L'AVIS DU DOC

Pourquoi ça m'arrive ?

Un ado qui se trouve parfait de la tête aux pieds, tu en connais, toi ? Certains auraient préféré un autre nez, d'autres une taille différente, etc. Par ailleurs, la beauté, c'est très subjectif : elle varie selon les cultures, les époques, les goûts des uns et des autres. De plus, ce qui peut provoquer des moqueries au collège peut devenir un véritable atout dans la vie : Winnie Harlow, mannequin égérie de Desigual – spécialisé dans les vêtements très colorés et pleins de motifs –, est atteinte de vitiligo, une maladie qui entraîne des décolorations de sa peau, ici et là. Comme elle a la peau noire, cela se voit vraiment et c'est justement ce qui fait son charme et son succès !

Comment faire ?

Lorsque tu estimes avoir un défaut, tu as deux solutions : soit tu ne t'en caches pas, bien au contraire, tu en rajoutes et tu en rigoles le premier, de sorte que les autres n'ont plus rien à dire. Soit tu rends ton défaut moins visible. Par exemple, un anticerne sous un fond de teint très léger estompe grandement des cernes. Si elles sont violacées comme pour Marie, ce qui donne un effet « œil au beurre noir », il te faut utiliser un correcteur jaune, alors que si la peau sous les yeux est trop rouge, il te faut plutôt un correcteur vert. À faire également : attirer le regard des autres vers une autre partie de ton physique que tu trouves plus avantageuse. Pour cela, tu peux jouer sur une nouvelle coupe de cheveux (quitte à les laisser pousser par-dessus les oreilles) ou un vêtement ou un accessoire particulier. Et si vraiment tu as trop de complexes, tu peux demander l'aide d'un professionnel pour te relooker : lui au moins saura mettre en valeur ce qu'il y a de beau chez toi. Il pourra donc te rassurer et t'aider à te sentir mieux dans ton corps.

Vrai ou faux ?

Les stars ne connaissent pas la moquerie.

Faux ! Si l'on en croit la presse people, Beyoncé passait pour la petite grosse de la famille, Eva Longoria se trouvait moche car elle n'était pas blonde comme ses sœurs, Lindsey Wixson était moquée pour ses dents, George Clooney n'osait même pas draguer tellement il se trouvait horrible et on pourrait en citer plein d'autres comme ça. Aujourd'hui, leurs fans se comptent par millions !

Pourquoi je me sens bizarre quand je le vois ?

« Dès que je vois une fille que je trouve belle (bien formée, etc.), **je bande** et je subis donc beaucoup de moqueries du genre : "regardez le petit bonhomme de Malo" et **tout le monde rigole** pendant que moi **je suis très gêné**. Je n'ose pas en parler à mes parents. Que faire ? » **Malo, 14 ans**

« Je pense vraiment trop au sexe et je pense que je ne suis pas normale. Aidez-moi ! »
Anonyme, 13 ans

Quelques réponses toutes prêtes...

Si quelqu'un se moque de toi parce que tu rougis en présence d'un autre collégien, tu peux toujours répondre :

Version dicton
« Où il y a de la gêne, y a pas de plaisir ! »
Anonyme

Version t'as rien compris
« Mais non, j'ai chaud, je viens de courir ! »
Kévin, Adèle, Gabin

Version solaire
« J'ai pris un coup de soleil car je sors de chez moi. J'ai une vie sociale, moi ! »
Enora, Iona

L'ANTHROPOLOGUE VOUS DIT TOUT

Des plaques antidésir !

Dans la Rome antique, un poète dénommé Calvus dormait avec des plaques de bronze posées sur ses testicules, car il ne voulait pas risquer d'éprouver trop de désir dans la nuit, ce qui était considéré à l'époque comme étant mauvais pour la santé. Heureusement, la médecine a progressé depuis et tu ne trouveras plus aucun médecin pour te conseiller pareil traitement !

Pourquoi ça m'arrive ?

La sécrétion des hormones sexuelles féminines et masculines au moment de la puberté est à l'origine de pas mal de chamboulements, et les sentiments qui t'envahissent – à commencer par le désir – en font partie. C'est donc tout à fait normal. Cependant, ce qu'il faut bien comprendre, c'est que tu ne maîtrises pas grand-chose. Tout comme le fait de rougir n'est pas un acte volontaire, les érections pour un garçon ne surviennent pas que sur commande, loin de là. Pour éviter que cela se voie trop, comme pour Malo, il ne te reste plus qu'à mettre des pantalons un peu plus larges ou un long tee-shirt qui descend jusqu'en haut des cuisses !

Comment faire ?

Entraîne ton cerveau à penser à autre chose ! Si ton cerveau s'emballe dès que tu vois une image excitante, l'inverse est aussi vrai. Pour stopper net une érection, tu peux donc essayer de penser simultanément à quelque chose de vraiment pas excitant pour toi comme la tonne de devoirs qui t'attend ce soir, ou encore visualiser n'importe quelle image déplaisante.
Il n'y a pas de recette unique : c'est à chacun de trouver ce qui fonctionne pour lui. Idem pour les filles qui pensent trop au sexe : il leur suffit de se concentrer sur une pensée ou une image qui les renvoie à un souvenir plus sage.

Cette petite gymnastique du cerveau demande un peu d'entraînement avant d'être efficace, il ne faut donc pas se décourager.

Vrai ou faux ?

Désirer quelqu'un et être amoureux, c'est pareil !

Faux. Si la plupart du temps, lorsque tu es amoureux, tu éprouves du désir pour cette personne – tu as envie de la toucher, de l'embrasser, de passer du temps avec elle, etc. –, l'inverse n'est pas forcément vrai. Tu peux éprouver certaines sensations pour quelqu'un de physiquement attirant, mais cela ne veut pas dire pour autant que ton souhait le plus cher serait de partager plus de temps avec lui.

Pourquoi mon corps ne grandit pas de partout à la même vitesse ?

« Je fais du 80 A et j'ai 14 ans.
Est-ce normal ? Parce que je le vis mal. »
CAMILLE

« *Quand mes seins arrêteront-ils de pousser ?* »
ANONYME

« Comment savoir si je suis pubère sexuellement ? Toutes ces histoires de reproduction, de pénétration et blabla que l'on a étudiées en SVT me font peur ! »
PAUL

Quelques réponses toutes prêtes…

Si quelqu'un se moque de toi parce que tu n'es pas symétrique (un pied plus grand que l'autre, par exemple), tu peux toujours répondre :

Version foot
« Un plus grand pied pour stopper le ballon, un plus petit pour taper dedans eh oui, je suis taillé pour le foot ! »
ANONYME

Version ironique
« Et maintenant que tu sais que j'ai un pied plus grand que l'autre, ça change ta vie ? »
JOHANN

Version bien dans ses baskets
« Eh oui, je suis unique ! »
ZOÉ

L'ANTHROPOLOGUE VOUS DIT TOUT

À la bonne taille !

Procuste, un géant un peu brigand de la mythologie grecque, habitait au bord de la route qui menait à Athènes. Il avait l'habitude de proposer aux voyageurs de les héberger gracieusement pour une nuit. Mais ce qu'il ne leur disait pas, c'est qu'il « adaptait » la taille du dormeur à son unique lit : il rallongeait les hommes trop petits en leur tirant dessus ou en les aplatissant à coups de marteau. Quant à ceux qui étaient trop grands, il leur coupait les pieds ! Heureusement, Thésée, un héros, l'a vaincu en le forçant à s'allonger sur son propre lit : comme sa tête dépassait, il la lui a coupée !

Pourquoi ça m'arrive ?

Un corps est globalement symétrique, mais jamais parfaitement symétrique. D'ailleurs, si tu te regardes dans la glace d'un peu près, tu t'apercevras que tu as une narine un peu différente de l'autre, idem pour les oreilles, la taille de tes biceps, les empreintes de tes pieds dans le sable... Cela s'explique par le fait que le corps ne grandit pas d'un bloc mais par endroits et par poussées successives. Au moment de la puberté, un sein peut ainsi grossir, puis l'autre avec quelques semaines de décalage et ainsi de suite, jusqu'à arriver, au final, à une taille à peu près similaire. Pour les différences relevées au niveau de ta musculature, cela s'explique par le fait que si tu es droitier, tu as tendance à utiliser plus facilement ta main droite (et donc à faire travailler davantage ce bras), etc. Enfin, tu ne deviens pas pubère sexuellement du jour au lendemain : il se passe des années entre les premiers signes de ta puberté (poils qui poussent) et la capacité à concevoir un bébé en cas de rapport non protégé, autrement dit, avoir des érections et des émissions de sperme pour répondre à Paul.

Comment faire quand c'est trop différent ?

Tu peux toujours muscler un bras trop malingre, mettre une semelle dans la chaussure trop grande ou tricher, pour une fille, avec un petit coussin glissé dans le soutien-gorge du côté du sein qui est plus petit que l'autre (en attendant qu'il rattrape la bonne taille), mais tu ne pourras pas tout corriger. D'ailleurs, est-ce bien souhaitable ? L'asymétrie a aussi son charme et ce qui compte au final, c'est la vision d'ensemble qui se dégage de ta silhouette. Or cela tombe bien car c'est ce qu'il y a de plus facile à corriger : par exemple, le sombre et le fluide affinent alors que le clair et/ou les gros motifs et les tissus épais grossissent. Mets donc du clair en haut et du sombre en bas si tu as une silhouette asymétrique en forme de poire, par exemple.

Vrai ou faux ?

Le testicule le plus gros n'est pas celui auquel pensaient les sculpteurs !

Vrai. Bien que les sculpteurs grecs aient la réputation d'avoir été de fins observateurs, ils ont sculpté leurs hommes avec un testicule plus bas que l'autre – ce qui est vrai – mais en donnant la plus grosse taille au testicule pendant le plus, ce qui est faux ! Les anatomistes, après moult observations, ont en effet révélé que le testicule le plus gros chez l'homme était celui qui pendait le moins, n'en déplaise aux lois de la pesanteur !

Quand on a mal, on est forcément malade ?

« J'ai souvent mal à la tête, le soir, en rentrant du collège et je me demande si ça peut être grave ? » ANONYME

« J'ai presque toujours mal au dos alors que je suis encore jeune, comment est-ce possible ? » ANONYME

Quelques réponses toutes prêtes...

Si quelqu'un se moque de toi parce que tu te plains toujours d'avoir mal quelque part, tu peux toujours répondre :

Version médicale

« C'est sûr que toi, tu ne risques pas d'avoir mal à la tête. Pour cela, il faudrait déjà que tu aies un cerveau ! »
ANONYME

Version moqueuse

« J'avais déjà remarqué que t'avais pas de cœur, voilà qu'en plus, t'as pas de nerfs ! En fait, t'es qu'un robot, sauf que tu ne sers même pas à faire le ménage ! »
ENORA

Version statistique

« 100 % des humains tombent malades un jour. Je suis juste un peu en avance sur mon temps. »
ANONYME

L'ANTHROPOLOGUE VOUS DIT TOUT

Plus fort que la douleur !

Pour s'endurcir, les Indiens d'Amazonie et de Guyane possédaient plein d'instruments de torture comme des gants remplis de guêpes qu'il fallait enfiler, des scarificateurs pour entailler la peau, des grilles à fourmis à appliquer dans le dos... On les sortait encore il y a trente ans pour les occasions spéciales, comme les cérémonies d'initiation où le jeune guerrier devait montrer qu'il était capable de se contrôler. La douleur n'était pas crainte comme chez nous. Elle représentait plutôt un moyen de connaissance et de dépassement de soi.

Pourquoi ça m'arrive ?

La présence d'une douleur signale que quelque chose ne va pas, mais ce n'est pas forcément grave. Par exemple, des maux de tête fréquents en fin de journée sont souvent liés à un petit trouble visuel passé jusqu'ici inaperçu. Voir l'ophtalmologiste pour vérifier ta vision et te faire prescrire une paire de lunettes ou de lentilles, au besoin, est donc la première démarche à suivre. Si ton mal de tête est soudain et inhabituel, vérifie ta température car une fièvre (soit une température supérieure à 37,7 °C) peut en être à l'origine, et dans ce cas, c'est peut-être une maladie infectieuse débutante. Concernant le dos, une plainte très fréquente chez les adolescents, elle peut être liée à la poussée rapide de croissance au moment de la puberté et au port de charges trop lourdes (sac d'école). Mais aussi à certains déséquilibres ou déformations de la colonne en rapport avec une jambe plus courte par exemple (auquel cas la solution peut venir du port de semelles). Parfois encore, tu ressens une douleur à un endroit précis alors que la cause se situe ailleurs. Parfois enfin, tu n'as pas mal, mais tu es quand même malade (comme quand tu perds l'odorat à cause de la Covid-19) !

Comment faire ?

Il faut toujours chercher à comprendre l'origine d'une douleur pour la corriger et pour que le soulagement soit durable. C'est pourquoi si une douleur se répète, il te faut un avis médical. Parles-en à tes parents afin qu'ils t'emmènent consulter (tu as besoin de leur carte Vitale avant 16 ans). Ils ne sont pas obligés d'assister à la consultation : si tu préfères être seul avec le médecin, c'est ton droit. Tout ce que tu diras au médecin restera entre toi et lui : cela relève du secret médical et c'est sacré ! Sinon, pour une douleur modérée comme des courbatures le lendemain de la reprise du sport en septembre, tu peux prendre du paracétamol pour te soulager sur le coup, mais cela doit rester très ponctuel.

Vrai ou faux ?

Certaines douleurs annoncent une urgence médicale.

Vrai. Il faut appeler tout de suite les secours d'urgence : le 15, devant toute douleur inhabituelle de par son intensité (douleur violente) et/ou de par sa localisation (comme les testicules), ou encore faisant suite à un choc violent. Il faut le faire de jour comme de nuit, y compris si c'est un dimanche ou un jour férié.

Il y a un truc pour savoir si j'ai mauvaise haleine ?

« J'ai un gros problème, je mange trop vite et on me dit que je ne sens pas bon de la bouche. Pouvez-vous m'aider ? »

ALEXANDRE, 13 ANS ET DEMI

« Est-ce vrai que les chewing-gums peuvent remplacer le brossage des dents le midi ? »

ANONYME

Quelques réponses toutes prêtes...

Si quelqu'un se moque de ton odeur, tu peux toujours répondre :

Version virile

« Chez moi, tout est authentique ! »

ANONYME

Version pub

« Toi aussi tu trouves que je sens bon ? C'est ma nouvelle eau de toilette ! »

ZOÉ

Version rusée

« Depuis que je ne me lave plus, plus aucun prof n'ose m'envoyer au tableau ! C'est qui le plus fort ? »

ANONYME

L'ANTHROPOLOGUE VOUS DIT TOUT

Déo et philtre d'amour

Il existe en Amazonie une plante que les Indiens appellent *picho huayo*. Les chasseurs utilisent les baies de cet arbuste pour se frictionner le corps avec : ainsi, selon eux, le gibier ne sent plus leur odeur. Mais certains s'en serviraient aussi pour paraître plus désirables aux yeux de l'autre sexe et il paraît que ça marche !

Pourquoi ça m'arrive ?

Le problème avec la mauvaise haleine, c'est que l'on ne s'en rend pas compte. Tout au plus quelques signes indirects – comme le refus des autres de nous faire la bise – peuvent nous mettre sur la voie. Et comme si ce n'était pas assez compliqué comme ça, la mauvaise haleine peut avoir des origines bien différentes. Quand c'est ponctuel, cela peut venir de ce que tu as consommé – un plat à l'ail ou aux épices, un fromage rustique, de l'alcool, ou des cigarettes –, mais aussi d'un problème infectieux : une angine ou une sinusite par exemple, ça donne très mauvaise haleine ! Et quand la mauvaise haleine joue les prolongations, le coupable peut être une inflammation chronique des gencives (gingivite), des saignements au brossage des dents doivent t'y faire penser. Il peut enfin s'agir d'un problème digestif.

Comment prévenir ?

Le minimum, c'est d'éviter les plats à risque (épicés, alcoolisés, etc.) quand tu ne peux pas te laver les dents après. Prends aussi le temps de mastiquer lentement pour faciliter ta digestion. Lave tes dents après chaque repas avec une brosse à dents électrique, son efficacité étant supérieure au brossage manuel. Et si tu ne peux pas te laver les dents, essaie de mâcher un chewing-gum sans sucre après le repas. Va chez le dentiste tous les ans pour vérifier l'absence de carie et faire un détartrage. Ne grignote pas entre les repas pour éviter la formation du tartre. Emporte une petite bouteille d'eau et bois régulièrement une gorgée pour réhydrater ta bouche (si elle est trop sèche, le risque de mauvaise haleine augmente). Si tu es sujet aux troubles digestifs, évite les repas trop gras qui retardent encore plus ta digestion. Et enfin, un truc de grand-mère tout simple pour retrouver une bonne haleine : mastique quelques feuilles de persil frais ! Sa relative efficacité lui vaut d'être appelé le « déodorant naturel de la bouche ». Et si tu lançais la mode dans ton collège ?!

Vrai ou faux ?
L'odeur du bonheur existe !

Vrai. Des chercheurs hollandais ont recueilli, sur des compresses, la sueur de jeunes hommes venant d'éprouver soit un sentiment de peur, soit un sentiment de bonheur, soit aucune émotion. Ils ont ensuite fait sentir ces différentes odeurs à des jeunes femmes et ont remarqué que lorsque celles-ci « reniflaient » la sueur d'un homme ayant éprouvé un sentiment de bonheur, elles souriaient. Il reste maintenant aux chercheurs à identifier les molécules responsables de ce bonheur contagieux pour les proposer à la vente, sous forme de parfum !

Pourquoi est-ce que j'ai autant de boutons ?

« Depuis deux ans, j'ai beaucoup de boutons d'acné sur le visage et les autres se moquent de moi avec des remarques du style : *"Tiens, voilà la calculette !"* Comment me débarrasser de ces boutons ? » Anonyme

« Ma mère travaille en tant que naturopathe et ne veut pas que j'aille chez un dermatologue car elle dit que les médicaments sont mauvais pour la santé. On a bien essayé ses méthodes naturelles – huiles essentielles, fleurs de Bach... – mais **mes boutons sont toujours là** et **ma mère refuse que je consulte** ! Comment la convaincre ? » **Aël, 12 ans**

Quelques réponses toutes prêtes...

Si quelqu'un se moque de ta peau, tu peux toujours répondre :

Version théâtrale

« Je joue dans "La guerre des boutons" et j'ai le premier rôle, t'es jaloux ?! »
Anonyme

Version geek

« Chez toi, il manque le bouton principal : le off ! »
Anonyme

Version ironique

« Je n'ai peut-être plus ma peau de bébé, mais toi, t'as toujours deux ans d'âge mental ! »
Clémentine

L'ANTHROPOLOGUE VOUS DIT TOUT

Peau douce et teint jaune !

Les premiers habitants des îles Marquises se nettoyaient la peau avec la racine d'une plante nommée *papa*. Les femmes s'enroulaient dans des nattes saupoudrées de cette poudre ressemblant au curcuma. Cela avait pour effet de teindre leur corps en jaune, mais aussi de rendre leur peau très douce !

Pourquoi ça m'arrive ?

L'acné est si fréquente – 80 % des ados sont concernés à des degrés divers – que l'on peut se demander si ce n'est pas plutôt le fait d'y échapper qui n'est pas totalement anormal ! En cause : une production excessive de sébum sous l'influence de tes hormones sexuelles. Or quand il y en a trop, les petits trous par lesquels la peau respire (pores) se bouchent et, à l'intérieur, une bactérie se multiplie : points noirs et boutons apparaissent. Plus de huit acnés sur dix resteront légères à modérées, mais comme le ressenti est très différent d'un ado à l'autre et que plus on traite tôt et moins il y a de risques de cicatrices (un bon argument pour Aël), mieux vaut consulter sans trop attendre.

Comment faire ?

Pour les acnés légères, des traitements locaux suffisent : les produits à base de peroxyde de benzoyle ont une action anti-inflammatoire et les rétinoïdes locaux, une action sur les comédons. Et comme des produits locaux associant ces deux molécules existent, c'est très pratique. En cas d'acné un peu plus importante, un traitement antibiotique par voie orale (au moins trois mois de prescription), en plus des produits locaux, donne aussi de bons résultats, du moins à condition de bien le prendre tous les jours et pas seulement en cas de poussée de boutons comme le font certains !
Ce n'est donc qu'après échec d'un traitement par des antibiotiques de la classe des cyclines et en cas d'acné sévère que les dermatologues proposent l'isotrétinoïne.
Il s'agit du traitement dont ne veut pas entendre parler la mère d'Aël, en raison de ses possibles effets sur la santé : risques de malformations pour le bébé en cas de grossesse (d'où l'obligation d'être sous pilule pour les filles) et possible risque de dépression. Pour autant, une acné mal vécue peut rendre dépressif elle aussi (encore un argument de poids pour Aël).

Vrai ou faux ?

Il y a des pilules contraceptives qui aggravent l'acné et d'autres plus neutres.

Vrai. C'est pourquoi, quand une jeune fille a de l'acné, le médecin évite de lui prescrire une pilule, un patch ou un anneau contraceptif contenant un progestatif ayant une action androgénique. Du coup, le choix se restreint à une pilule de deuxième génération ayant pour progestatif le lévonorgestrel : ce type de pilule n'aggrave pas l'acné et peut même l'atténuer chez certaines filles !

Le plaisir, c'est dans la tête ?

« J'ai ma puberté depuis quelques mois, mais je pense avoir un problème car lorsque j'éjacule, je ne ressens pas de plaisir comme mes amis. Je ne ressens rien du tout. Est-ce normal ? »

JEAN

« C'est grave de se caresser ? »

LOUIS-HENRI, 12 ANS

Quelques réponses toutes prêtes…

Si quelqu'un te demande si tu l'as déjà fait, tu peux toujours répondre :

Version « cassé ! »
« Déjà fait quoi ? J'ai fait tellement de choses !… »
ADÈLE

Version ironique
« Oui, j'ai déjà fait… la sieste ! »
ENORA

Version Dico 100 questions
« Oui, j'ai même participé à la rédaction d'un livre sur ce thème, c'est dire ! »
CLASSE DE 4E A DE POMMERIT

L'ANTHROPOLOGUE VOUS DIT TOUT

Le bonjour aborigène

Chez certaines tribus aborigènes d'Australie, pour se dire bonjour, on ne se serre pas la main, mais le pénis : une coutume qui se pratique entre notables et qui est aussi une façon de vérifier le statut de la personne que l'on a en face de soi. Ce n'est pas un attentat à la pudeur, c'est le protocole des chefs de clans !

Pourquoi ça m'arrive ?

Une fois de plus, ce sont tes hormones sexuelles qui sont à l'origine de toutes ces émotions nouvelles que tu ressens : le désir, le plaisir, l'envie de te caresser ou de toucher l'autre, etc. Pour autant, ce n'est pas parce que c'est naturel et normal que tu vas forcément arriver à avoir du plaisir du premier coup ! Il t'a fallu du temps pour apprendre à marcher. C'est pareil pour ressentir du plaisir, donc, pour répondre à Jean, oui, c'est banal d'éjaculer sans rien ressentir lorsque tu te caresses les premières fois et à l'inverse, d'avoir beaucoup de plaisir sans pour autant éjaculer. Idem pour une fille : son plaisir peut être fluctuant. La pire des erreurs serait de te stresser à cause de cela, car le stress a pour fâcheuse tendance de tout couper : le désir, comme le plaisir !

Comment faire ?

Pour avoir du plaisir, il faut être à l'écoute de ton corps, de ce que tu aimes, des petits scénarios érotiques qui se déroulent dans ta tête et qui te donnent envie de te toucher. Se caresser n'a rien de grave comme le pense Louis-Henri, au contraire, puisque cela fait partie de l'apprentissage du plaisir. Les sexologues, qui sont les spécialistes des troubles sexuels, estiment que, pour avoir plus tard des relations sexuelles épanouies, il faut déjà être capable de te donner du plaisir en te caressant : ainsi, quand tu auras un amoureux, il te sera plus facile de le guider en lui disant quels types de caresses tu aimes, à quel endroit de ton corps, etc. Il est aussi important de ne pas faire ce que tu n'as pas envie de faire, soit parce que tu ne te sens pas encore prêt, soit parce que cela te dégoûte. De même, si tu as un(e) petit(e) ami(e), il ne faut pas tout expérimenter au seul motif qu'il(qu'elle) te le demande : vous devez vous sentir prêts tous les deux. Attention enfin aux films pornographiques : il faut bien comprendre qu'ils ne reflètent absolument pas la réalité et peuvent donc te donner une image complètement fausse des relations entre hommes et femmes. Comme ils font souvent appel à des images-choc pour frapper les esprits, ils peuvent même heurter ta sensibilité et/ou te mettre très mal à l'aise : de quoi te bloquer plus qu'autre chose...

Vrai ou faux ?

Il ne faut pas brûler les étapes.

C'est vrai ! Quand on désire quelque chose que l'on obtient tout de suite, on a du plaisir sur le moment et plus rien ensuite. Si tu embrasses quelqu'un juste pour faire comme les autres, ton cerveau n'aura pas eu le temps de rêver à cette première fois et c'est dommage car le plaisir se nourrit aussi de l'imaginaire. Idem pour le premier rapport. D'ailleurs, ceux qui te disent qu'ils l'ont déjà fait au collège racontent souvent des craques : en France, l'âge moyen pour le premier rapport sexuel est de 17 ans.

Pourquoi les régimes ne marchent jamais sur moi ?

*« Ma mère n'arrête pas de me dire que je suis grosse. **Je le sais mais j'en ai marre ! Et en plus, mon régime ne marche pas tellement...** Please, help me ! »*

Cléo, 12 ans

« **Je suis complexée par mon poids.** Je suis grosse : je pèse 41 kilos pour 1,44 m. Ma mère me conseille une infinité de régimes pour maigrir car elle dit que si je ne maigris pas maintenant, je serai toujours grosse. **Suis-je normale pour mon poids ?** »

Rahma, 12 ans

Quelques réponses toutes prêtes...

Si quelqu'un se moque de tes rondeurs, tu peux toujours répondre :

Version bien dans sa peau

« On est au moins d'accord sur un point : on ne s'attire pas du tout et c'est complètement réciproque ! »

Anonyme

Version tac au tac

« Vaut mieux être rond que moche ! »

Pierre

Version mignonne

« Ce ne sont pas des rondeurs mais des espaces à câlins ! »

Adèle

Version féminine

« Moi au moins, j'ai des formes ! »

Marine

Version humoristique

« C'est Dieu qui m'a donné des airbags ! »

Jamal

L'ANTHROPOLOGUE VOUS DIT TOUT

Un drôle de régime !

Au IVe siècle en Chine, certains moines suivaient un régime avant de mourir, afin de se transformer en momie. Tchan Tao K'ai s'est ainsi nourri de résine et de pommes de pin, avant de manger, à la fin de sa vie, de la pierre qu'il pilait et qu'il assaisonnait de poivre et de gingembre. Il est tout de même mort à 100 ans... après avoir suivi son drôle de régime pendant sept ans !

Pourquoi ça m'arrive ?

Il est normal de prendre des centimètres et des kilos à la puberté. De ton côté, tu as l'impression d'avoir un appétit d'ogre (il faut bien apporter de l'énergie à ce corps qui est en pleine croissance), mais si tu manges équilibré et que tu as une activité physique régulière, tu gardes une silhouette harmonieuse. Le problème, c'est plutôt si tu te tournes vers des aliments très caloriques mais peu intéressants pour ton organisme, comme des gâteaux sucrés et salés, des hamburgers, des frites, des boissons sucrées, etc. Pour savoir si ta corpulence est dans la moyenne, il te faut calculer ton indice de masse corporelle (ou IMC) en divisant ton poids (en kilos) par ta taille au carré (en mètres), soit $P : T^2$, et ensuite comparer avec la courbe de corpulence que l'on trouve dans tout carnet de santé ou sur Internet (www.inpes.sante.fr/CFESBases/catalogue/pdf/IMC/courbes_enfants.pdf). Pour Rahma par exemple, son IMC se calcule en faisant $41 : (1{,}44 \times 1{,}44) = 19{,}77$. Étant donné qu'à 12 ans, l'IMC d'une fille est normal entre 14,5 et 21, Rahma est de corpulence normale tout en étant au-dessus de la moyenne. Il n'y a rien d'inquiétant sauf si sa courbe de corpulence a récemment grimpé. L'idéal est donc de faire plusieurs mesures de l'IMC pour voir comment ça évolue au cours de ta puberté.

Comment faire ?

N'écoute surtout pas les personnes qui te conseillent des régimes à la mode. C'est le meilleur moyen de reprendre plus de poids que tu en as perdu ! Quand tu suis un régime déséquilibré (une aberration à ton âge), ta perte de poids s'accompagne inévitablement d'une fonte de tes muscles. Or ce sont les muscles qui t'aident à dépenser les calories apportées par l'alimentation et donc à éviter de trop les stocker sous forme de graisses. Parmi les bonnes habitudes à prendre, mange à table mais ne grignote pas entre deux repas, consomme plus de fruits et de légumes et oublie les aliments mous (hamburgers, frites, brioches, etc.), évite la charcuterie et les plats salés en général, qui te donnent encore plus faim. Ne te ressers pas à table. Ne te force jamais à finir un plat. Ne fais pas autre chose en mangeant. Bois seulement de l'eau mais pas de soda. Et surtout, fais du sport ou, si tu n'aimes pas ça, danse en rangeant ta chambre ! Fais-toi enfin aider par un médecin si nécessaire.

Vrai ou faux ?

Après un an de régime, les résultats ne sont souvent pas concluants !

Vrai ! Il est prouvé que 80 % des personnes qui ont suivi un régime ont repris plus de poids, après un an, qu'elles n'en avaient perdu, et cette reprise ne fait que s'aggraver avec le nombre de régimes suivis.

Pourquoi on n'est pas tous égaux en poils ?!

« *Je suis très poilue des jambes et ça me complexe !* **Je m'épile les mollets à la cire, mais certains poils ne partent pas, que faire ? »** Yaël

« Je commence à avoir des poils sous les bras, comment le dire à ma mère ? » Anonyme

« **J'ai des poils** qui poussent **entre mes sourcils**. Comme je ne rêve pas d'avoir un mono sourcil, je m'épile ! Le problème c'est que **je dois le faire tous les soirs**, or l'année prochaine, je pars en internat. Que faire ? » **Oriol**

Quelques réponses toutes prêtes...

Si on te trouve trop poilu, tu peux toujours répondre :

Version psy
« Je ne suis pas une fashion victim, moi ! »
Anonyme

Version écolo
« Des rasoirs en plastique pour polluer la planète ? Ça, jamais ! »
Anonyme

Version tac au tac
« Ça vaut mieux qu'un grand poil dans ta main ! »
Anonyme

Version anthropologique
« Et alors, on descend tous du singe ! »
Clémentine

L'ANTHROPOLOGUE VOUS DIT TOUT

Des femmes à moustache à la pointe de la mode !

Les canons de la beauté changent selon les pays et les peuples. Les Aïnous, qui sont les ancêtres des Japonais, avaient un système pileux très développé et chacun espérait avoir le plus de poils possible, surtout sur le visage ! Les hommes avaient de très longues moustaches, au point qu'ils possédaient un objet unique : le relève-moustache, indispensable pour leur permettre de manger et de boire. Les femmes, elles, se faisaient tatouer des points autour de la bouche, depuis l'âge de 3 ans. Quand elles étaient en âge de se marier, elles avaient de belles moustaches en pointes, allant de la joue vers les oreilles. Les femmes à moustaches, chez les Aïnous, c'était le top du top de la beauté !

Pourquoi ça m'arrive ?

C'est surtout au moment de ta puberté que tes poils se réveillent, sous l'effet des hormones. Ce drôle de « cadeau » dépend en partie de tes gènes : ce sont eux qui décident de la couleur de tes poils – généralement assortie à celle de tes cheveux – et de leur abondance. Plus tes parents et ancêtres étaient poilus et plus la probabilité que tu le sois également est élevée. Voilà qui devrait te faciliter la tâche pour en parler à tes parents : il suffit de leur rappeler ce qu'ils ont vécu. Attention, si tu as des poils en des endroits vraiment inhabituels (comme la barbe pour une fille), une sécrétion anormale d'hormones mâles peut être en cause (hirsutisme) et cela mérite un avis médical.

Une épilation au poil ?

Aujourd'hui, dans notre société, les poils n'ont pas la cote ! Pour s'en débarrasser, il y a les méthodes qui te laissent un court répit : c'est le cas du rasoir ou de la crème dépilatoire qui leur coupent « la tête » à fleur de peau. Ils peuvent s'utiliser à la dernière minute, mais n'empêchent pas les poils de grandir (un millimètre par jour) et donc de réapparaître dès le lendemain. Avec la cire ou l'épilateur, deux techniques qui permettent d'extraire les poils de leur bulbe, le répit est plus long, de l'ordre d'une semaine ou davantage. En contrepartie, il faut attendre que les poils mesurent déjà quelques millimètres pour les arracher. Il existe enfin des techniques plus radicales, mais comme elles relèvent de la médecine esthétique, leur coût est élevé et il faut être majeur ou avoir une autorisation parentale pour en bénéficier. Laser et lampe flash détruisent les follicules pileux des jambes, des aisselles ou du maillot, mais sont déconseillés pour les sourcils (trop proches des yeux). Pour ces derniers, mieux vaut la pince à épiler ou la cire froide ou une combinaison des deux !

Vrai ou faux ?

Les poils sont en partie responsables de la mauvaise odeur de la sueur.

Vrai ! Les bactéries microscopiques de la peau se nourrissent des composés de la sueur, ce qui entraîne la production de molécules malodorantes. Comme ces bactéries se concentrent dans les poils, en particulier ceux des aisselles, ils se retrouvent impliqués malgré eux.

C'est quoi la règle avec les règles ?

« J'ai 10 ans et je crois que je vais bientôt avoir mes règles, sauf que je n'ai personne à qui parler. Ma mère ne me répond pas, help ! »
MILA

« J'ai peur d'avoir mes règles, aidez-moi à en savoir plus ! » **JULIE, 11 ANS**

« Ça fait six mois que j'ai mes règles et je trouve ça de plus en plus énervant à chaque fois. **Ça complique la vie, ça met de mauvaise humeur et en plus ça fait mal au ventre.** Auriez-vous des conseils pour mieux les supporter ? » **BLANCHE, 12 ANS**

« J'ai une question étrange et que toutes les filles de ma classe se posent aussi : quand est-ce qu'on sait qu'on est prête pour mettre des tampons ? » **CHLOÉ**

Quelques réponses toutes prêtes...

Si les garçons se vantent de ne pas avoir de règles, tu peux toujours répondre :

Version « C'est qui la plus forte ? »

« Eh oui, les hommes rêvent encore de pouvoir fabriquer un jour un robot humanoïde... alors que la nature a permis aux femmes de fabriquer des bébés depuis toujours ! »
ANONYME

Version fille

« T'es qu'un garçon, tu peux pas comprendre ! »
CLÉMENTINE

L'ANTHROPOLOGUE VOUS DIT TOUT

Un serpent par mois !

En Amérique du Sud, les Indiens chiriguano pensaient que la venue des règles chez une jeune fille était due à la morsure d'une vipère qui avait voulu abuser d'elle. Pour l'aider à se défendre, des femmes armées de gourdins devaient entrer dans sa hutte et frapper partout jusqu'à estimer que le serpent était bel et bien mort !

Pourquoi ça m'arrive ?

Avoir ses règles, c'est une étape importante car cela signifie que tu es devenue une jeune fille. Ce sang évacué par le vagin provient en fait de l'utérus (qui sert à accueillir le fœtus quand une femme est enceinte). À chaque début de cycle d'une durée moyenne de vingt-huit jours, la muqueuse de l'utérus grossit pour le cas où il lui faudrait accueillir un bébé ! Mais si tu n'es pas enceinte, cette muqueuse devenue inutile s'autodétruit et s'évacue en fin de cycle : c'est les règles. Si tu as mal au ventre au moment de tes règles en raison des petites contractions de l'utérus, n'hésite pas à demander un antidouleur à tes parents ou à l'infirmerie du collège, personne ne te le refusera. Pense enfin à mettre une croix sur un calendrier quand tu as tes règles : ça te permettra de mieux repérer quand elles deviennent enfin régulières pour ne pas te laisser surprendre. Plus tard (mais de préférence après 15 ans), le médecin pourra te mettre au besoin sous pilule pour diminuer des douleurs abdominales vraiment trop gênantes...

Comment faire ?

L'idée d'avoir tes premières règles t'angoisse forcément un peu car c'est nouveau et tu as peur de te laisser surprendre. Pour le cas où ça t'arriverait au collège, glisse un protège-slip dans ton sac, tu te sentiras déjà plus tranquille. Il n'y a pas de moment précis pour passer aux tampons : c'est quand tu en as envie, toi. C'est plus facile si tu as attendu d'avoir tes règles plusieurs fois, parce que comme ça tu as une petite idée de leur date d'arrivée (si elles sont régulières), de leur abondance et de leur durée. Pour tes débuts, essaie un tampon avec applicateur et de petite taille car c'est plus simple à mettre. Pour le retirer, il n'y a qu'à tirer sur la ficelle qui dépasse. Exerce-toi une ou deux fois, tu verras, ça vient très vite ! En revanche, n'oublie pas d'en changer plusieurs fois par jour.

Vrai ou faux ?

Une fille qui n'a plus de règles est forcément enceinte !

Faux. C'est impossible d'être enceinte sans avoir eu de rapport sexuel. De plus, à ton âge, tes cycles peuvent être irréguliers : ne pas avoir de règles un ou plusieurs mois de suite, c'est assez courant et ce n'est pas du tout inquiétant. Maintenant, si tu as eu un rapport non protégé et que, depuis, tu n'as plus de règles, c'est différent : il te faut faire au plus vite un test de grossesse.

Pourquoi je ne grandis pas comme tout le monde ?

« Je fais encore pipi au lit à 12 ans ! Au secours ! » **Anonyme**

« Je trouve que **mon pénis ne grandit pas**. En même temps, **ma puberté n'est pas très développée** (pas beaucoup de poils, plus petit garçon de ma classe, pas très musclé, etc.) »
Tim, 14 ans

« Je suis en classe de 3e et je n'ai pas de sperme,est-ce normal ? »
Rémi, 14 ans

Quelques réponses toutes prêtes...

Si on te traite de bébé, tu peux toujours répondre :

Version bébé
« Ooooooooooooooooin ! »
Anonyme

Version attendrissante
« Que veux-tu, j'ai gardé une âme d'enfant ! »
Jean-Victor

Version déclaration
« Un bébé, c'est mignon ... Ça veut dire que tu me trouves trop mignonne alors ?! »
Zoé

Version amoureuse
« Oh, oui, je veux bien être ton baby ! »
Anonyme

L'ANTHROPOLOGUE VOUS DIT TOUT

Stretching du pénis

Chez les Karamojong de l'Ouganda, on s'agrandit le pénis en accrochant des poids dessus pour arriver jusqu'à 45 centimètres de longueur ! Mais attention, cette méthode a plutôt tendance à rendre impuissant !!! Et elle est dangereuse : à ne surtout pas faire !

L'AVIS DU DOC

Pourquoi ça m'arrive ?

La puberté ne se déroule pas au même moment et à l'identique pour chaque adolescent. Chacun est différent. Et c'est pareil en ce qui concerne le moment où la puberté se déclenche et ses effets sur l'organisme. Si tu fais pipi au lit à 12 ans, c'est que ta vessie est encore immature mais ça ne devrait plus durer longtemps. En attendant, évite de boire le soir, va aux toilettes avant de te coucher, gère toi-même tes draps (tu es assez grand pour le faire) et si vraiment cela te met trop mal à l'aise et t'empêche de dormir chez tes amis, consulte car le médecin peut te prescrire ponctuellement un médicament pour concentrer tes urines la nuit. Enfin, si ton pénis ne grandit pas et si tu n'as pas encore de sperme comme pour Tim et Rémi, c'est que ta puberté n'est pas encore assez avancée : comme elle dure environ six ans chez le garçon (cinq ans chez la fille), il va te falloir patienter encore un peu ! En attendant, dis-toi bien que les adolescents autour de toi rencontrent des problèmes similaires : les filles se plaignent d'avoir une poitrine trop petite (ou trop grosse), d'avoir leurs règles trop tôt ou trop tard et les garçons, d'être trop petits ou trop grands ou pas assez musclés, etc. Il y a toujours quelque chose à redire ! D'ailleurs, des collégiens qui se trouvent parfaits de la tête aux pieds, tu en connais beaucoup, toi ?

Comment faire ?

Tu ne peux pas accélérer ta puberté ! Évidemment, si tu ne remarques strictement aucun changement (toujours pas de poils ou de centimètres en plus) et que cela t'inquiète, consulte car le généraliste ou l'endocrinologue vont faire les vérifications nécessaires en dosant entre autres tes hormones sexuelles (prise de sang) : cela te permettra de savoir où tu en es exactement. Et en cas de problème seulement, le médecin prescrit un traitement pour déclencher ta puberté et corriger la cause de son retard.

Vrai ou faux ?

C'est le mâle des baleines bleues qui a le plus gros pénis !

Vrai ! Et franchement, à côté, même tes copains qui se vantent peuvent aller se rhabiller. Il faut dire que chez les baleines bleues, les mâles ont un pénis de 2,50 m et des testicules de 10 kilos chacun !

Dormir, c'est vraiment utile ?

C'EST TOI QUI LE DIS !

« Ma mère veut que je me couche le soir vers 20 h 15-20 h 30, mais je ne suis pas fatiguée ! Comment faire pour la convaincre de me laisser faire ce que je veux ? » Alix

« Ma mère veut que je me couche entre 20 h et 21 h, en même temps que mes frères, alors que je suis beaucoup plus grande ! »
Anonyme, 12 ans

***« Je n'arrive pas à dormir plus de huit heures par nuit et ça me fatigue un peu. »* Étienne**

Quelques réponses toutes prêtes...

Si tes parents veulent que tu te couches tôt comme tes petits frères et sœurs, tu peux toujours répondre :

Version petit poucet
« Vous voulez vous débarrasser de nous pour être tranquilles ou quoi ! »
Anonyme

Version ironique
« Je peux aussi retourner en maternelle pendant que vous y êtes ! »
Lucie

Version point sur les i
« Au cas où vous n'auriez pas vu le temps passer, je n'ai plus 6 ans ! »
Zoé, Iona

Version réaliste
« Je ne suis plus votre petit bébé ! »
Gabin

L'ANTHROPOLOGUE VOUS DIT TOUT

Nuit blanche en famille

En Inde, il existe une fête de la pleine lune qui s'appelle la Lune de la nuit blanche. Cette nuit-là, la déesse Lakshmî se promène de village en village et demande : « Qui est éveillé ? » Celui qui lui répond vivra des évènements heureux. Aussi, dans les maisons, les femmes jouent aux dés pour rester éveillées, allument des lampes dehors et même, parfois, c'est toute la famille qui passe la nuit à la belle étoile !

Pourquoi ça m'arrive ?

À ton âge, tu as besoin en moyenne de neuf heures de sommeil. Si tu dois te lever à 7 h du matin pour être à l'heure au collège, le calcul est vite fait : tu dois dormir au plus tard à 22 h. C'est d'autant plus important que ton hormone de croissance – celle qui te permet entre autres de gagner des centimètres – est sécrétée quand tu dors, mais essentiellement avant 23 h. Si tu te couches après, tu risques donc de perturber sa sécrétion. Attention, si tu réponds à tes SMS, que tu joues sur ton ordinateur ou sur ta tablette, bref, que tu restes connecté jusqu'au milieu de la nuit, le réveil va être difficile. Et comme les différents processus de mémorisation – qui ont lieu essentiellement en première partie de nuit – ont été perturbés, ta mémoire va te jouer des tours. C'est ta scolarité qui va finir par en pâtir. C'est ce que tes parents veulent à tout prix éviter ! Si tu veux qu'ils soient moins rigides sur tes heures de coucher, prouve-leur que tu es capable de gérer tes nuits en te couchant au plus tard à 22 h en semaine.

Comment faire ?

Sachant qu'il faut compter une heure entre le moment où tu te sers d'un ordinateur et celui où ton cerveau va réussir à s'endormir, tu devrais éteindre tout objet connecté au plus tard à 21 h . Et ne pense pas que tu peux te coucher très tard le samedi sous prétexte que le lendemain, c'est dimanche : en effet, un bon sommeil passe par des heures de lever et de coucher à peu près régulières.

Vrai ou faux ?

Du sport avant de se coucher, ça aide à s'endormir.

Faux ! Pour t'aider à t'endormir le soir, ta température corporelle doit baisser : ce n'est donc pas le moment de faire du sport ou de prendre un bain chaud, mais plutôt de te relaxer et de prendre une douche tiède.

Comment garder le sourire avec un appareil dentaire ?

« C'est horrible ! J'avais déjà des lunettes et maintenant, je dois porter un appareil dentaire. Jamais un garçon ne me regardera !... »
Anonyme

« Dans ma classe, **tout le monde a un appareil dentaire sauf moi** car le dentiste dit que je n'en ai pas besoin. Mais **j'en veux un** car les autres se moquent de moi en disant que plus tard, je n'aurai pas les dents parfaites ! » **Claire, 14 ans**

Quelques réponses toutes prêtes...

Si quelqu'un se moque de ton appareil dentaire, tu peux toujours répondre :

Version pub
« Un beau sourire ? Parce que je le vaux bien ! »
Anonyme

Version dicton
« Rira bien qui rira le dernier et toi, si tu ne fais rien pour tes dents de travers, tu risques de ne plus sourire bien longtemps ! »
Anonyme

Version pragmatique
« C'est qui qui sera la plus belle plus tard ? C'est moi ! »
Adèle, Océane

Version conseil
« Et toi, tu devrais en mettre un d'urgence vu la tête de tes dents ! »
Marine

L'ANTHROPOLOGUE VOUS DIT TOUT

Un sourire noir

Sur l'île de Sumatra en Indonésie, la coutume de se limer les dents existe encore. Dans certaines tribus, on les taille en pointes, avant de les teindre en noir avec de la coquille de noix de coco. Ceux qui en ont les moyens enchâssent ensuite les dents de la mâchoire inférieure dans une plaque d'or, pour faire contraste avec le noir. Cela fait une sorte d'appareil dentaire qui est considéré comme le summum de la beauté !

Pourquoi ça m'arrive ?

Des personnes, comme Claire, qui ont la chance d'avoir naturellement des dents parfaitement alignées, bien positionnées, sans aucun décalage entre mâchoire supérieure et inférieure, c'est finalement assez rare. C'est pourquoi beaucoup d'adolescents, en fin de primaire et au collège, sont suivis en orthodontie et portent un appareil composé de bagues à l'arrière et de multi-attaches collées sur les dents à l'avant. L'objectif est d'exercer de petites tensions sur les dents mal positionnées pour reconstituer un sourire harmonieux. Un traitement orthodontique dure trois ans en moyenne. Si la Sécurité sociale prend ce traitement en charge, ce n'est pas simplement pour le résultat esthétique : en effet, des dents bien alignées et bien positionnées ont moins de risque de s'abîmer plus tard. Et une mâchoire qui ferme correctement peut t'éviter la survenue de douleurs chroniques au niveau de la tête et du dos. Il y va donc vraiment de ta santé !

Comment faire ?

Si tu as le choix (et que tes parents peuvent payer le surcoût), choisis un appareil avec des attaches en céramique, plus discrètes que celles en métal. Si tu ne veux pas que ton traitement se prolonge indéfiniment, suis bien les consignes données par ton orthodontiste – aucun aliment collant ou trop dur, port éventuel d'élastiques pour renforcer le traitement – et passe du temps à laver tes dents pour éviter que des petits débris ne se coincent dans l'appareil. Si tu trouves qu'un appareil dentaire plus des lunettes, ça fait vraiment trop, demande à tes parents de porter des lentilles (au moins, ça te donne un bon argument pour négocier). Pour les myopies les plus courantes, il existe même des lentilles correctrices de couleur pour changer celle de tes yeux... et pendant que l'on regarde tes yeux devenus soudainement bleus, on ne voit plus ton appareil dentaire !

Vrai ou faux ?

L'ancêtre des appareils d'orthodontie ne date pas d'hier.

Vrai ! Et c'est un dentiste français, Pierre Fauchard, qui a eu le premier l'idée en 1728 de redresser des dents mal placées à l'aide de ligatures ou d'une petite plaque en métal. L'esthétique de l'appareillage, c'était le dernier de ses soucis !

Pourquoi on ne grandit pas tous en même temps ?

« Je suis en 5e et je mesure presque 1,70 m. Je suis la plus grande de ma classe et je dépasse tous les garçons ! Est-ce que je vais enfin m'arrêter de grandir ? » NOA

« Je suis en 4e et je suis la plus petite du collège. On me traite de schtroumpf tout le temps. Je me sens mal. Comment aller mieux ? »
SOPHIE, 13 ANS

Quelques réponses toutes prêtes...

Si quelqu'un se moque de ta taille, trop petite ou trop grande à son goût, tu peux toujours répondre :

Version médicale
« Chez toi, c'est le cerveau qui n'a pas grandi ! »
ANONYME

Version point de vue
« Je ne suis pas grande, c'est toi qui es petit ! »
ADÈLE

Version dicton
« C'est bien connu, tout ce qui est petit est mignon ! »
LUCIE

Version dicton bis
« Tout ce qui est grand est charmant ! »
JEAN-VICTOR

Version La Fontaine
« Tu fais la course ? OK... T'es le lièvre, je fais la tortue ! »
MATHILDE

L'ANTHROPOLOGUE VOUS DIT TOUT

Les plus petits hommes

Les pygmées d'Afrique sont les plus petits hommes découverts depuis l'Antiquité. Leur taille ne dépasse pas 1,40 m. Leur nom lui-même vient du grec *pugmaios* qui signifie « haut d'une coudée ». Les scientifiques pensent que leur petite taille est une adaptation au milieu difficile dans lequel ils vivent : la forêt équatoriale africaine. Quand ils sont côte à côte, on ne peut distinguer un pygmée adulte d'un enfant de 12 ans !

Pourquoi ça m'arrive ?

La taille finale dépend entre autres des gènes que tu as reçus de tes parents – et si tout le monde est petit dans ta famille, tu as moins de chances d'être très grand plus tard. Mais cela dépend aussi d'autres facteurs comme l'hormone de croissance qui, elle, peut être influencée par ton alimentation, ton sommeil, ton hygiène de vie. Exemple pratique : l'activité physique (sans être intensive comme dans le cas des athlètes de haut niveau) stimule ton hormone de croissance, alors que l'obésité et la cigarette diminuent sa sécrétion.
Les hormones sexuelles jouent également un rôle majeur dans ta croissance, au moment de la puberté. En effet, vers 13 ans chez le garçon (11 ans chez la fille), tu te mets soudain à grandir plus vite : d'environ 8,5 cm par an chez le garçon (7,5 cm par an chez la fille) pour gagner jusqu'à 25 centimètres chez le garçon (20 centimètres chez la fille) en fin de puberté. C'est une moyenne : cette poussée de croissance n'arrive pas exactement au même moment pour chacun d'entre vous. Au même âge, il y a donc des petits et des plus grands. Cependant, ceux qui se moquent de la taille des autres feraient donc bien de se méfier de ce qui les attend dans les prochaines années : ils risquent fort de se faire rattraper !

Comment faire ?

À part te coucher tôt, ne pas fumer, manger équilibré et faire du sport, tu n'as pas vraiment le pouvoir de grandir plus vite. Si toutefois tu remarques que ta taille ne bouge vraiment pas au fil des ans comme Sophie, c'est mieux de demander l'avis d'un médecin : il va vérifier (par une prise de sang) où tu en es de ta puberté et si tes hormones sont correctement sécrétées. Si ce n'est pas le cas, des traitements peuvent être prescrits mais encore faut-il ne pas trop attendre.

Vrai ou faux ?

Chez les insectes aussi, il y a de grosses différences de taille.

Vrai ! Sans doute as-tu déjà eu un phasme dans la main : ce petit insecte très fin, qui ressemble à une brindille de quelques centimètres, n'a d'ailleurs pas son pareil pour se fondre dans la nature. En Asie, il peut toutefois atteindre 60 centimètres !

Pourquoi je transpire autant ?

« **Je transpire beaucoup** et ça fait des auréoles visibles sur mes vêtements. J'ai essayé plein de déodorants, **mais aucun ne marche**. Je ne veux pas utiliser de sels d'aluminium car j'ai peur d'avoir le cancer du sein plus tard… Aidez-moi, c'est très urgent. » **Marianne**

« Je suis une fille très sportive qui bouge tout le temps. Mon problème, c'est que la sueur de mes pieds se fait sentir aussitôt que je retire mes chaussures. Ma famille et mes amis s'en plaignent ! Que faire ? » Laura

Quelques réponses toutes prêtes…

Si quelqu'un se moque parce que tu sens des pieds, tu peux toujours répondre :

Version gastronome

« Ben quoi, t'aimes pas le fromage ?! »

Anonyme

Version pub

« C'est comme le camembert… J'ai du caractère ! »

Enora

Version ironique

« Mais personne ne te demande de les sentir ! »

Océane

Version prévoyante

« Mais non, c'est juste une ruse pour m'assurer qu'on ne me piquera pas mes nouvelles baskets au vestiaire ! »

Anonyme

L'ANTHROPOLOGUE VOUS DIT TOUT

Suer sous la tente

La forte transpiration est un moyen recherché par les Indiens pour avoir des visions. En Amérique du Nord, la « suerie » consiste à se mettre à l'intérieur d'une tente pleine de vapeur qu'on produit en versant de l'eau sur des pierres chauffées : c'est la *peta owihankeshni* (feu sans fin). Cette loge à sudation sert uniquement aux initiés ou à des fins spirituelles. Elle symbolise le cosmos. Le chemin qui y mène est appelé « chemin sacré ».

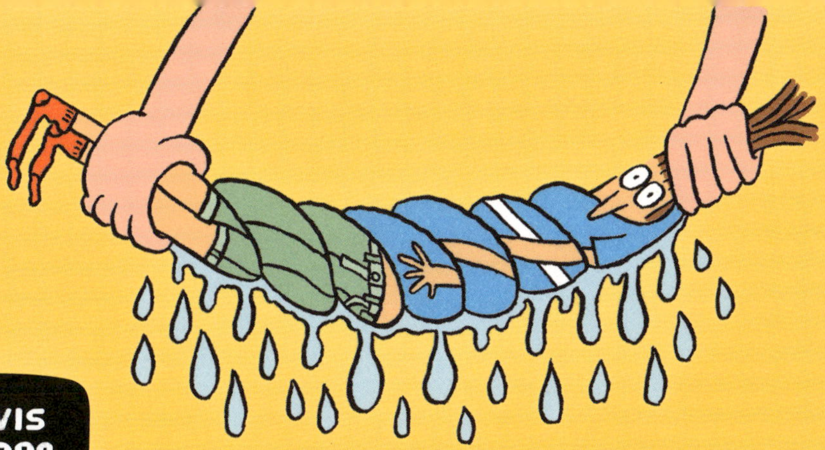

Pourquoi ça m'arrive ?

Tes hormones sexuelles t'aident à gagner des centimètres, à te muscler : ça, c'est leur côté sympathique. Mais ces hormones poussent également toutes tes glandes sudoripares (celles qui produisent de la sueur) à redoubler d'activité ! Conséquence : tu transpires plus et comme ces glandes sont particulièrement concentrées sous tes bras, au niveau des mains, des pieds – jusqu'à 600 glandes par centimètre carré à ce niveau chez un homme ! – ainsi que sur le front, la poitrine, etc., c'est surtout là que ça se voit.
Même si cela ne te console pas, la sueur a un rôle très utile : elle favorise l'élimination des déchets dont veulent se débarrasser tes cellules, forme un film protecteur qui protège ta peau et enfin, en cas de chaleur, t'empêche d'avoir une poussée de fièvre.

Comment faire ?

Pour lutter contre un excès de sueur, la douche est indispensable, mais pas suffisante. Choisis des vêtements amples en coton, évite les chaussures en synthétique et mets des chaussettes en coton. Privilégie les couleurs claires car le foncé capte la chaleur. Prévois un change si tu as un cours de sport ou si tu ne rentres pas le midi. Savonne bien et épile-toi au niveau des aisselles car les bactéries qui se cachent dans les poils se nourrissent de certains composés de la sueur et sont à l'origine des mauvaises odeurs. Enfin, oblige-toi à respirer amplement quand tu es stressé car l'anxiété a tendance à faire davantage transpirer. Concernant les antitranspirants, Marianne a raison : ceux qui contiennent des sels d'aluminium pourraient avoir une certaine toxicité à long terme. Toutefois, il existe d'autres antitranspirants naturels (un peu moins efficaces), comme la pierre d'alun. Et si vraiment rien n'y fait, consulte le dermatologue car il dispose d'autres moyens d'action comme la ionophérèse (nécessitant un appareillage spécifique). L'injection de Botox est aussi efficace pour la transpiration excessive, notamment des aisselles.
Et dans les cas extrêmes et très handicapants sur le plan social, il reste la chirurgie (chez l'adulte) : problème, l'arrêt de la transpiration dans la région souhaitée entraîne parfois une augmentation de la production de sueur dans une région jusqu'ici épargnée, ce qui est tout de même un sacré frein à son recours !

Vrai ou faux ?

Après la puberté, on produit plus d'un demi-litre de sueur par jour.

Vrai ! Un homme normal élimine 0,6 à 0,7 litre de sueur par jour, mais ce n'est rien à côté d'un marathonien qui, lui, peut en produire jusqu'à 2,5 litres de l'heure pendant une course : une vraie fontaine !

C'est quoi la technique pour oser tout dire ?

« Quand je ne suis pas contente, je n'ose pas le dire car j'ai peur de blesser les gens. Comment m'y prendre ? » Héloïse, 13 ans

« Je fréquente des filles que je connais depuis la maternelle, par habitude, mais **nous n'avons plus les mêmes centres d'intérêt**. Comment **m'éloigner** d'elles sans les blesser ? » **Priscille**

« Je dis OUI À TOUT LE MONDE, je n'ose dire NON À PERSONNE. Que dois-je faire car c'est très embarrassant ? » **Luna**

« **J'ai mué !** À l'école, j'ai une voix grave, mais à la maison, j'utilise une voix plus aiguë. **Je n'ose pas faire entendre ma grosse voix** à mes parents et à mes grands frères pour qui j'ai toujours été le petit chéri. Comment faire ? » **Quentin**

Quelques réponses toutes prêtes…

Si quelqu'un se moque parce que tu dis toujours oui, tu peux répondre :

Version philosophique

« Je dis oui en attendant de trouver ma voie ! »
Julien

Version petite enfance

« C'est Oui-Oui, mon héros ! »
Anonyme

L'ANTHROPOLOGUE VOUS DIT TOUT

Un amour trop silencieux

Dans la tradition grecque, il y avait une déesse qui n'arrivait pas à parler. C'était Écho, une nymphe qu'un dieu avait jugée trop bavarde et qu'il avait condamnée à ne pouvoir répéter que la dernière syllabe de ce que l'on disait devant elle. Un jour, elle tomba amoureuse de Narcisse, mais elle eut beau faire des efforts pour lui parler, celui-ci n'entendit que l'écho de sa propre voix et il ne sut jamais rien de cet amour !

Pourquoi ça m'arrive ?

Comme tes parents t'ont probablement appris depuis tout petit à ne pas vexer les autres, tu as le sentiment que dire NON est mal. Et du coup, tu te retrouves en conflit entre ce que tu veux (dire que ça ne te plaît pas) et ce que tu fais : accepter pour ne pas vexer l'autre. Ainsi, quand tu dis OUI, tu te sens soulagé sur le moment car tu penses ainsi avoir évité de heurter la sensibilité d'un proche. Mais à moyen terme, ce OUI te coûte beaucoup plus cher puisqu'il t'oblige à faire des tas de choses dont tu n'as pas envie. C'est donc un mauvais calcul. Et ça n'a pas vraiment de sens si, comme Quentin, tu vois des problèmes là où il n'y en a pas : petite ou grosse voix, celui-ci restera toujours le cadet de la famille et ne sera pas moins aimé parce que sa voix a mué !

Comment faire ?

Il est essentiel d'apprendre à dire NON car cela te servira toute ta vie (y compris dans ta vie professionnelle), aussi, lance-toi de petits défis progressifs. À chaque petit NON que tu auras osé dire, le suivant te semblera plus facile ! Par exemple, Priscille pense qu'elle vexerait ses copines si du jour au lendemain elle refusait leur invitation. Mais si elle leur disait tout simplement : « J'aurais vraiment aimé venir avec vous, mais j'ai déjà promis à X de venir le voir ou de l'aider », ce refus diplomatique aurait toutes les chances de passer. Viendra le jour où, plus tard, elle se sentira capable de dire NON, je ne peux pas (sans donner de raison) ; elle verra alors que ses anciennes copines ne lui en tiendront pas rigueur. Si Héloïse ou Luna n'arrivent pas à formuler qu'elles sont mécontentes ou en total désaccord de façon catégorique, elles peuvent exprimer cette différence d'opinion en disant par exemple : « J'aurais préféré que l'on fasse ceci plutôt que cela, pour telle raison... » Demander un temps de réflexion est aussi un bon moyen de ne pas répondre tout de suite et de montrer qu'un NON est possible (et donc, qu'il faut s'y préparer) !

Vrai ou faux ?

Vers l'âge de 2 ans, on dit tout le temps NON !

Vrai ! Les petits passent par cette étape d'affirmation de soi, généralement quand ils commencent à bien marcher et à découvrir l'autonomie. Cela peut débuter vers 18 mois et durer jusqu'à 3 ans.

Pourquoi j'ai peur des changements ?

C'EST TOI QUI LE DIS !

***« Je suis en CM2 et je vais passer en 6e. Le problème c'est que j'ai vraiment peur alors que tous mes amis ont hâte d'y être ! Pouvez-vous me donner des conseils ? »** Émilie*

« Je rentre bientôt **en 2e** et l'idée d'être chez les grands **me rend malade**. J'ai tellement peur de me sentir petite, aidez-moi ! » **Anonyme**

« Je suis stressée pour le brevet. Même si j'ai toujours été une bonne élève, cela me fait peur. Et si je le ratais ? »
Valentine, 15 ans

Quelques réponses toutes prêtes…

Si quelqu'un te traite de « poule mouillée », tu peux toujours répondre :

Version loi du plus fort
« Mouillée ou pas, tu sais ce qu'elle fait la poule, au petit ver de terre que tu es ? »
Anonyme

Version pragmatique
« Si je suis une poule, vas-y, envoie le grain ! »
Enora

Version fière
« Poule, coq. C'est trop sympa de me comparer à l'emblème de la France ! »
Anonyme

L'ANTHROPOLOGUE VOUS DIT TOUT

La grande peur des Aztèques

Les anciens Aztèques avaient très peur de Tezcatlipoca, le dieu des incertitudes de la vie. Ils étaient obsédés par les catastrophes ! Selon eux, il y avait eu un premier soleil, bleu, qui s'était noyé. Un deuxième, rouge, qui avait brûlé. Un troisième soleil, blanc, qui avait été chassé par un soleil noir. Au final, 999 dieux avaient dû se réunir pour créer notre soleil et il n'aurait pas fallu qu'il disparaisse à son tour !

Pourquoi ça m'arrive ?

Toute nouvelle situation, tout changement peut générer de l'anxiété et c'est bien normal. Il faut faire le deuil de ce que tu connaissais jusqu'ici (l'école primaire pour Émilie) pour te plonger dans un nouvel univers (le collège ou le lycée). Toutefois, si tu y regardes bien, tout ne sera pas complètement nouveau : en effet, même si tu changes d'établissement, tu y retrouveras sans doute quelques connaissances (sauf si tu déménages dans une autre ville, auquel cas il te faudra te faire de nouveaux amis). Il y a aussi des avantages à être au collège : avoir des professeurs différents selon les matières, cela évite d'en avoir un seul tout au long de l'année avec qui tu pourrais mal t'entendre. Et puis ton emploi du temps peut te réserver de bonnes surprises, avec parfois un après-midi de libre. Enfin, tes parents peuvent estimer que cette nouvelle étape dans ta vie signifie que tu grandis, et donc qu'ils peuvent t'autoriser à faire certaines choses jusqu'ici interdites. Si tu fais la liste de tout ce qu'il y a de positif à ce changement prochain, tu vas déjà te sentir plus serein !

Comment faire ?

Renseigne-toi auprès de tes grands frères et grandes sœurs ou auprès de ceux de tes copains pour savoir comment ça se passe. Qu'il s'agisse du collège, du lycée ou d'un examen comme le brevet, plus tu auras eu de renseignements et moins tu te sentiras angoissé. C'est encore mieux si on te donne plein d'infos sympas sur le collège ou le lycée qui t'attend. Pour ce qui est du brevet, dis-toi bien que personne ne l'a raté avec 15 de moyenne ! Et de toute façon, le passage en 2e n'est pas lié à l'obtention du brevet. Apprendre à relativiser, c'est aussi une excellente parade contre l'anxiété !

Vrai ou faux ?

On n'est pas tous égaux face à l'anxiété.

Vrai ! C'est comme ça : pour des raisons génétiques, éducatives (parents qui mettent trop la pression, par exemple), etc., certains arrivent à rester zen en toutes circonstances alors que d'autres sont de véritables piles électriques. Pour apprendre à mieux maîtriser ses angoisses, le sport en général et les arts martiaux en particulier sont vivement recommandés.

Comment surmonter un choc émotionnel ?

« Je connais un garçon de mon âge qui est mort dans un accident de voiture et depuis, j'ai peur que ça m'arrive à moi aussi. »

ANONYME

« Avec des copains, on est allés sur un **site porno** et depuis **je suis traumatisé** et j'ai du mal à m'endormir. »

ANTOINE, 14 ANS

Quelques réponses toutes prêtes…

Si quelqu'un s'étonne que tu sois choqué après un évènement qui ne le choque pas, lui, tu peux toujours répondre :

Version humaine

« Que veux-tu, j'ai un cœur, moi ! »

ANONYME

Version petit chaperon rouge

« C'est pour mieux te demander de me consoler, mon enfant ! »

MATHILDE

Version choc

« Et moi, je suis choquée que tu ne sois pas choqué ! »

CLÉMENTINE

L'ANTHROPOLOGUE VOUS DIT TOUT

Le calme après le chaos…

En Inde, il existe une fête de tous les excès à l'équinoxe de printemps, en février-mars. C'est la Lune du Feu destructeur. Ce jour-là, tout est permis ! On s'insulte de façon obscène, on se jette des excréments ou de la boue, etc. En laissant ainsi s'exprimer le chaos, chacun espère mieux l'exorciser pour retrouver ensuite des rapports normaux.

Pourquoi ça m'arrive ?

La vie est faite d'une succession d'expériences : lorsque celles-ci sont progressives et adaptées à ton âge, elles sont enrichissantes mais lorsqu'elles surviennent à un moment inopportun, elles peuvent être traumatisantes.
C'est le cas de la mort : en effet, lorsqu'elle est « naturelle » et touche une personne très âgée, même si cette nouvelle est triste pour ses proches, elle n'est pas traumatisante dans le sens où cet évènement était plus ou moins attendu. Mais si c'est un jeune qui décède (ou qui garde de graves séquelles de ses blessures) dans un accident de voiture, comme c'est toujours brutal et inattendu, cela peut créer un choc émotionnel.
En allant sur un site porno, Antoine n'a pas risqué la mort au sens propre, mais sur le plan psychologique, il a tué l'enfant qui était en lui en se projetant brutalement dans un monde d'adultes violent. Aussi, le traumatisme peut être important.

Comment faire ?

Évite de te mettre dans des situations qui pourraient te traumatiser. Par exemple, il n'y a vraiment rien à apprendre d'un site porno, qui ne reflète pas la réalité. À ton âge, ça risque surtout de te choquer comme Antoine. S'il est déjà trop tard – quelle que soit l'expérience traumatisante –, il est important d'en parler à un adulte en qui tu as confiance et de mettre des mots sur ton ressenti.
Si tu ne te sens pas à l'aise pour en parler à tes parents, tu peux voir l'infirmière scolaire, ou encore demander à tes parents à consulter seul un médecin : il est soumis au secret médical et ne te juge pas. Il est juste là pour t'aider à surmonter ce traumatisme.
Si tu ne veux pas que tes parents soient au courant du fait que tu consultes, il existe, dans la plupart des grandes villes, un centre médico-psychologique (CMP) où tu peux te rendre gratuitement.
C'est important de consulter car, après un traumatisme, cauchemars, troubles de l'humeur et anxiété peuvent apparaître. Or si tu ne fais rien pour y remédier, ces troubles peuvent te mener à d'autres problèmes de santé encore plus gênants comme une addiction à l'alcool, par exemple !

Vrai ou faux ?

Les évènements les plus graves donnent les chocs les plus grands.

Faux. Cela dépend vraiment de la façon dont la personne qui a subi un traumatisme réagit, et donc de sa personnalité. Ainsi, certains qui ont vécu des évènements très graves (comme une guerre) s'en sortent bien – et l'on parle de « résilience » – alors que d'autres, qui ont vécu un choc émotionnel en apparence moins grave, auront beaucoup de mal à surmonter cette épreuve.

Pourquoi suis-je plein de contradictions ?

« Petit, j'ai toujours aimé les animaux, mais depuis peu, quand j'en vois chez des amis, je n'arrive pas à m'y intéresser, pourquoi ? »
Anonyme

« Je n'arrive pas à savoir quelles études je veux faire plus tard et quels métiers m'intéressent. **Je n'arrête pas de changer d'avis et ça énerve mes parents.** Je ne peux quand même pas leur dire n'importe quoi pour leur faire plaisir. Quoi faire ? » **Anonyme**

« J'ai l'impression que mes parents ne me comprennent plus et font exprès de m'énerver. C'est parce qu'ils vieillissent ? »
Anonyme

Quelques réponses toutes prêtes...

Si tes parents te traitent de girouette parce que tu ne sais pas vraiment ce que tu veux, tu peux leur répondre :

Version philosophique
« Si je ne sais pas ce que je veux, je sais au moins ce que je ne veux pas. Et ce que je ne veux pas, c'est que vous me harceliez avec vos questions ! »
Charlotte

Version dubitative
« Girouette, girouette... Je ne sais même pas où est le nord ! »
Enora

Version dicton
« Il n'y a que les imbéciles qui ne changent pas d'avis ! »
Jean-Victor

L'ANTHROPOLOGUE VOUS DIT TOUT

Le parler négatif

Pour aller chercher leur plante sacrée, le peyotl, une sorte de petit cactus hallucinogène qui leur sert à avoir des visions, les Indiens du nord du Mexique adoptent un changement de comportement par rapport à la vie normale. Par exemple, quand ils se mettent en route, ils parlent un langage très spécial : le langage négatif. Au lieu de dire « oui » ils disent « non », au lieu de dire « nous partons » ils disent « nous arrivons » !

Pourquoi ça m'arrive ?

En grandissant, tu cherches à te forger ta propre identité, c'est normal. Et comme tu te cherches, tu doutes et tu changes d'avis. Certaines choses que tu aimais dans l'enfance (comme les animaux ou d'autres passions) ne te plaisent plus autant avec l'âge et inversement. De plus, les certitudes que tu avais sur tes études et ton futur métier peuvent s'envoler elles aussi. Il arrive même, très souvent, que pour te détacher de tes parents, tu t'opposes à eux concernant le partage d'une activité ou des vacances ensemble. Bref, le moins que l'on puisse dire, c'est que tes parents et toi n'êtes plus sur la même longueur d'onde et, pour être tout à fait honnête, tu ne te reconnais pas toi-même. Souvent, c'est encore plus dur pour tes parents qui ne savent plus trop comment réagir avec toi, ce qui peut générer des conflits !

Comment faire ?

Étant donné que cette phase de doutes et de contradictions est tout à fait normale, il n'y a rien à faire d'autre que de l'accepter, même si ça peut déboussoler un peu. Comme les ados de ton âge vivent les mêmes doutes et les mêmes contradictions que toi, ils sont le plus à même de te comprendre et c'est d'ailleurs pourquoi tu apprécies de passer autant de temps avec eux, à condition de ne pas te lier avec un groupe nocif qui te pousserait à te détruire (par l'alcool, par la drogue ou par des conduites délinquantes). Avoir un ou plusieurs amis de ton âge à qui te confier, et avec qui partager tes doutes, est largement plus bénéfique que de passer tes journées seul dans ta chambre, même si tu échanges avec d'autres par ordinateur.

Vrai ou faux ?

Douter, c'est constructif !

Vrai et d'ailleurs, on ne compte plus le nombre de dictons faisant l'éloge du doute. Un proverbe persan disait : « Le doute est la clé de toute connaissance. » À rappeler d'urgence à tes parents quand ils se plaignent de tes multiples changements d'avis !

La crise d'ado, c'est une invention des parents ?!

« Mais pourquoi mes parents ne font que m'énerver ? Ils me traitent comme un bébé et ça m'exaspère ! »

ANONYME

« Il m'arrive souvent de **claquer les portes** ou de **dire des trucs blessants** à mes parents que je regrette aussitôt. J'ai l'impression que **plus personne ne me comprend à la maison**. » ANONYME

Quelques réponses toutes prêtes...

Si tes parents te disent en avoir plus qu'assez de ta crise d'ado, tu peux toujours répondre :

Version ironique

« Ce n'est pas plutôt parce que je vous dépasse en taille, que ça vous énerve ? Allons, avouez ! »

JULIEN

Version familiale

« J'ai hérité ça de vous ! »

IONA, GABIN

Version tac au tac

« Et moi, j'en ai assez de votre crise des parents ! »

LUCIE

Version n'importe quoi

« Une crise ? Quelle crise ! Voilà que vous parlez comme des politiques maintenant, histoire d'éviter les vrais sujets qui fâchent ! »

ANONYME

L'ANTHROPOLOGUE VOUS DIT TOUT

Le passage à l'âge adulte vaut bien un rituel !

Les petites sociétés pratiquent depuis toujours des cérémonies qui marquent le passage de l'enfance à l'âge adulte. Par exemple, chez les Indiens d'Amérique, l'adolescent devait jeûner pour partir en quête de sa vision , chez les Zunis en Arizona on le fouettait avec un yucca et on l'aspergeait avec de la farine, aux îles Fidji il devait passer entre deux faux cadavres... Ces cérémonies sont parfois cruelles puisqu'elles ont toujours pour symbole la mort et la résurrection, mais elles ont le mérite de donner aux jeunes des repères.

Pourquoi ça m'arrive ?

La prise en compte de l'adolescence est assez récente à l'échelle de l'humanité. Au temps des tribus, les enfants devenaient des adultes après avoir passé différents rites. Et à l'époque de tes grands-parents, les contraintes éducatives étaient très fortes lorsqu'ils étaient jeunes – c'était « comme ça et pas autrement », sans aucune discussion possible – de sorte qu'il n'y avait pas la place pour exprimer ses sentiments. Il fallait obéir, point barre !

Aujourd'hui, les parents n'ont jamais été autant à l'écoute de leurs enfants et les 12-18 ans ont appris à s'écouter davantage et à développer leur esprit critique : ils ne voient plus leurs parents comme des modèles de perfection, tant s'en faut ! En outre, chez bon nombre d'ados (mais pas tous), les hormones sexuelles entraînent irritabilité, hyperémotivité, etc. Pour toutes ces raisons, les ados s'interrogent davantage sur leur avenir et remettent plus souvent en cause ce que leurs parents leur imposent : au final, cela finit par retentir sur l'entente familiale.

Comment faire ?

Quand tu es en désaccord avec tes parents, il y a deux solutions : soit tu hurles, tu claques les portes, et en retour ils se braquent, te punissent et la situation devient intenable. Soit tu essaies de négocier en leur faisant comprendre que tu as grandi et donc que tes besoins ont changé. Pour être sûr d'obtenir des résultats, commence par ce qui gêne le moins tes parents (c'est variable d'une personne à l'autre) : par exemple, les tiens sont peut-être intraitables pour ce qui est d'avoir un scooter, mais partants pour te laisser aller dormir chez un copain (une copine). Et s'ils voient que ça se passe bien, ils seront plus enclins à accepter de nouvelles demandes. La balle est dans ton camp !

Vrai ou faux ?

Il arrive que les parents d'ados fassent une crise de la quarantaine !

Vrai. Il arrive que le fait d'avoir un adolescent qui remet tout en question dans la maisonnée provoque, chez l'un des parents, ce que l'on appelle la « crise de la quarantaine ». Elle se traduit par une transgression des règles que le parent avait lui-même établies, voire par un changement de travail et/ou une infidélité conjugale. En cause : le besoin de changer certaines choses pour être davantage en accord avec soi-même durant sa seconde moitié de vie.

Comment se débarrasser des remords ?

« L'année dernière, j'ai fait quelque chose de très grave et je m'en suis énormément voulu. Cette chose est dans ma tête, j'en fais des cauchemars, je pleure tout le temps… Comment faire pour redevenir heureuse ? » LÉNA

« J'ai cassé une clé USB sur laquelle il y avait des dossiers de travail de ma mère. Je m'en veux car je ne sais pas si ça va avoir des conséquences sur son job. Quand je le lui ai annoncé, elle a *"pété les plombs"* et je me demande si elle m'en veut encore car je ne la sens plus comme avant. Que faire ? » **ROMAIN**

« Je suis maladroite. Sans le faire exprès, je fais du mal aux amis que j'aime et je me sens coupable. Je ne fais pas attention à ce que je dis : ça crée d'horribles disputes et je perds mes amis… » EMMA, 13 ANS

Quelques réponses toutes prêtes…

Si on te reproche une mauvaise action, tu peux toujours répondre :

Version faute avouée, faute à demi pardonnée

« J'ai fait ce que je pouvais pour réparer mon erreur et toi, t'as fait quoi pour moi ? »
JULIEN

Version sage

« Ça, c'est quand j'étais jeune et bête. C'était avant ! »
GABIN

Version très sage

« On apprend tous de ses erreurs ! »
LUCIE

Version dicton

« Nul n'est parfait ! »
KEVIN

L'ANTHROPOLOGUE VOUS DIT TOUT

L'ombre du remords

Les Érinyes, en Grèce ancienne, étaient des divinités chargées de punir les coupables. On les appelait « celles qui marchent dans l'ombre ». Elles symbolisaient le tourment lié aux remords et étaient craintes de tous. Pour se libérer de la culpabilité, il fallait aller prier ces divinités dans les sanctuaires…

Pourquoi ça m'arrive ?

Rares sont les personnes qui peuvent se vanter de n'avoir jamais fait du mal à quelqu'un, que ce soit volontairement ou par maladresse. Et ce, à tout âge : en effet, il n'y a pas spécialement besoin d'être adolescent pour que cela arrive. Cependant, si tu es plus irritable en ce moment, tu as plus de risques de dire des méchancetés, voire de faire des bêtises. Les ados en font tous, c'est normal, cela fait partie de l'apprentissage.
Le souci, c'est lorsque ces méchancetés et ces bêtises portent préjudice à un tiers : si c'est réparable – et ça l'est dans le cas de Romain, sa mère pouvant reprendre l'ensemble de son travail –, le sentiment de culpabilité va vite passer. Mais si ça ne l'est pas comme le laisse supposer Léna en parlant de « fait très grave » (racket, harcèlement, agression ?), il est très important d'en parler à un adulte en qui tu as confiance et qui verra ce qu'il peut faire pour résoudre le problème. Parfois, cela nécessite de se présenter à la police, mais cela vaut toujours mieux de s'expliquer que de perdre le sommeil et de pleurer tous les jours comme Léna en attendant qu'une enquête te désigne comme coupable.

Comment faire ?

Si tu as tendance à parler sans trop réfléchir comme Emma, le mieux à faire est de dire à la personne que tu as vexée combien tu regrettes ton attitude et combien tu tiens à elle. Si c'est un membre de ta famille ou l'un de tes amis, il y a de bonnes chances pour que la personne te pardonne car elle tient probablement autant à toi que tu tiens à elle. Si, comme Romain, la bêtise (clé USB cassée) demande un gros effort pour être réparée (et c'est le cas si sa mère doit recommencer son travail), il faut trouver un autre moyen d'aider la personne lésée.
Par exemple, pour soulager sa mère, Romain peut se proposer de réaliser diverses tâches à la maison et ainsi lui dégager du temps.

Vrai ou faux ?

Ressentir de la culpabilité est un signe de bonne santé mentale.

Vrai. Seuls les psychopathes ne ressentent strictement aucune culpabilité ni aucun remords à faire souffrir autrui. Les personnes normales, elles, ont ce sentiment lorsqu'elles estiment avoir mal agi et c'est cette prise de conscience qui va les aider à réparer leurs erreurs.

Pourquoi plus je grandis et plus je suis triste ?

« Depuis quelque temps, ça ne va pas : **je me renferme, je vois tout en noir, je me sens malheureuse**… Dès le matin je me lève en me disant : ça sent la journée pourrie ! J'en pleure des fois. Mon entourage l'a remarqué mais quand j'essaie de leur expliquer, ils ne comprennent rien, ils croient que c'est passager… » **Anonyme**

« Je suis bonne en classe mais je ne sais pas qui je veux devenir, ni à quoi je sers. En fait je n'ai pas de rêve : je suis souvent déprimée et très dépressive, qu'est-ce que je dois faire ?! » **Chloé, 12 ans**

« J'ai un gros problème, **je pleure très facilement et même en public.** Il m'arrive même de **ne pas savoir pourquoi je pleure !** Ça me gêne car j'ai très peur de pleurer au collège. Aidez-moi, c'est très handicapant… » **Anonyme**

Quelques réponses toutes prêtes…

Si tu en as assez qu'on te demande dix fois par jour pourquoi tu es triste, tu peux toujours répondre :

Version tac au tac

« Plus on me pose cette question et plus ça me rend triste… »
Anonyme

Version secrète

« Raison perso ! Tout est dit ! »
Pierre

L'ANTHROPOLOGUE VOUS DIT TOUT

La tristesse avant la joie

Iglulik, un jeune Eskimo, se mettait lui aussi à pleurer sans savoir pourquoi, jusqu'au jour où il s'est senti envahi par une joie inexplicable. Il voyait le monde d'une façon entièrement différente. Il percevait de la lumière qui émanait de partout, tous les êtres étaient ses alliés ! Il sut qu'il était devenu un chamane. La tristesse lui avait servi de moyen pour accéder à ce don qui était resté longtemps caché !

L'AVIS DU DOC

Pourquoi ça m'arrive ?

Près de 8 % des adolescents connaissent un épisode dépressif. Pour parler de véritable dépression, il faut que les symptômes – troubles de l'humeur, perte d'intérêt, pensées négatives, idées suicidaires, etc. – soient présents depuis au moins quinze jours et qu'ils aient un retentissement sur le quotidien de l'adolescent concerné. Déclarer « Depuis quelque temps, ça ne va pas : je me renferme, je vois tout en noir, je me sens malheureux », cela ressemble effectivement à une vraie dépression. Dire, comme dans les deux autres témoignages, « Je ne sais pas qui je veux devenir » et « Je pleure très facilement, même en public », relève davantage de moments de déprime et/ou d'incertitude comme en connaissent tous les adolescents au moment de la puberté. Quand il s'agit d'une simple déprime liée aux bouleversements hormonaux de l'adolescence, ces moments un peu plus « noirs » alternent avec d'autres moments normaux où tu ris, tu vaques à tes activités quotidiennes, tu vois tes amis, etc.

Comment faire ?

La dépression est une vraie maladie. Si tu crois être touché (ou si tu penses que l'un de tes amis l'est), il faut absolument en parler à un adulte de confiance – parent, infirmière scolaire, etc. – car il est essentiel de consulter un médecin pour infirmer ou confirmer ce diagnostic et, dans ce dernier cas, bénéficier d'une prise en charge. Un accompagnement psychologique et, parfois, des antidépresseurs adaptés aux adolescents permettent de guérir complètement cette dépression en quelques mois et sans séquelles. Il y a rarement besoin d'une hospitalisation, sauf si le médecin estime que le risque de tentative de suicide est important.

Vrai ou faux ?

Le harcèlement est une cause de vraie dépression.

Vrai. À 15 ans, près de 21 % des filles et près de 9 % des garçons déclarent avoir déjà tenté de se suicider et, parmi eux, les ados victimes de harcèlement sont en première ligne. Si tu remarques ce type de pratique, ne te rends pas complice mais parles-en à un adulte de confiance au plus vite !

Je m'ennuie et ça m'ennuie, c'est normal ?

« Souvent, l'après-midi vers 17 h 30, je me mets à m'ennuyer et à avoir quelques crises de blues. Avant, j'avais du mal à m'endormir, est-ce que ça a un rapport ? Comment faire pour que ça s'arrête ? J'habite en Polynésie et 17 h 30 correspond au moment où le soleil commence à se coucher. »

Laura, 11 ans et demi

« En ce moment je me sens bizarre : rien ne m'intéresse, je m'ennuie beaucoup et ça crée des disputes avec mes parents. Ça m'énerve... »

Anonyme, 12 ans

Quelques réponses toutes prêtes...

Si tes parents te demandent si tu t'ennuies, tu peux toujours répondre :

Version « on ne me la fait pas à moi »

« Non, non, je ne m'ennuie absolument pas de la vaisselle, du ménage, de mes devoirs à réviser et autres corvées que vous voulez me donner ! »

Anonyme

Version maline

« Trop sympa de me proposer d'aller au ciné ! Oui, je suis d'accord ! »

Samy

Version tellement gentille que c'en est suspect

« Mais non, jamais avec vous ! »

Jonathan

L'ANTHROPOLOGUE VOUS DIT TOUT

Une journée anti-ennui

Chez les Sioux, quand on vit en petite communauté isolée dans la nature, on n'a pas le temps de s'ennuyer ! Une femme sioux se lève tôt le matin pour ranimer le feu, chercher de l'eau, préparer le repas de viande bouillie. Quand les hommes reviennent de la chasse, elle met la viande à sécher, tanne les peaux pour fabriquer des vêtements et des chaussures, tisse des fibres végétales pour faire des paniers et des couvertures... Enfin, le soir, elle trouve encore le temps de se faire belle après un bain dans la rivière, en s'enduisant les cheveux de graisse d'ours et en se fabriquant des bijoux avec des piquants de porc-épic !

Pourquoi ça m'arrive ?

S'ennuyer de temps en temps, tourner en rond sans savoir quoi faire, cela arrive à tout le monde : c'est normal et, aussi curieux que cela puisse paraître, ça a aussi du bon ! En effet, quand tu t'ennuies, ton cerveau, lui, laisse libre cours à toutes sortes de pensées sans chercher à les bloquer ou à les canaliser (alors que si tu es dans l'action, il se concentre sur ce que tu es en train de faire). Et le fait d'imaginer plusieurs scénarios, de te projeter dans différents avenirs possibles, c'est loin d'être inutile, cela entraîne ton cerveau à envisager différentes voies et c'est ce qui t'aidera plus tard à trouver des solutions originales à tes problèmes. C'est aussi la raison pour laquelle les psychologues ne sont pas d'accord avec les parents qui imposent des emplois du temps de ministre à leurs enfants, sans leur laisser la moindre plage horaire pour se poser.

Comment faire ?

Contrairement à ce que pense Laura, il n'y a rien à faire de spécial puisqu'il est normal de s'ennuyer de temps en temps. Toutefois, il y a une différence entre s'ennuyer parfois et s'ennuyer presque tout le temps comme dans le deuxième témoignage. Si, comme cet adolescent, tu as le sentiment de t'ennuyer en permanence et partout (même en classe), ce n'est pas normal et cela mérite d'en parler à un adulte de confiance et au besoin à un médecin, pour essayer de comprendre pourquoi. Cet ennui peut cacher un décalage entre ton niveau et celui des autres élèves (dans ce cas, un psychologue peut le déceler et y remédier). Cet ennui pathologique peut également faire partie des signes de la dépression : il est alors associé à une tristesse et à des troubles de l'humeur et c'est une prise en charge médicale qui va permettre de résoudre le problème.

Vrai ou faux ?

L'homme est le seul mammifère à s'ennuyer.

Faux. Beaucoup d'animaux connaissent l'ennui, à commencer par ceux vivant en captivité. Et quand cet ennui n'en finit plus, cela peut les rendre malades. Par exemple, un chat laissé seul tout au long de la journée dans un appartement où il ne se passe strictement rien peut devenir boulimique, ou encore se lécher compulsivement jusqu'à ne plus avoir du tout de poils, sauf sur le haut de sa tête et le cou car sa langue n'y a pas accès !

Comment arriver à se concentrer sur commande ?

« J'ai un problème, **je suis un peu hyperactif** donc je ne peux pas rester en place plus de dix minutes et les autres me traitent d'idiot, ce qui fait que je n'ai pas beaucoup d'amis. »
NATHAN, 14 ANS

« À chaque fois que je fais mes devoirs, je n'arrive jamais à me retenir d'aller faire autre chose. Comment arrêter de rêvasser dans des moments importants » ?
CLAIRE

Quelques réponses toutes prêtes…

Si ton entourage se plaint du fait que tu es une vraie pile électrique, tu peux toujours répondre :

Version pratique

« On a tous besoin d'une petite pile chez soi pour s'éclairer ! »
ANONYME

Version positive

« Contrairement à certains dans cette maison, je ne manque pas d'énergie ! »
GABIN

Version énergique

« J'ai de l'énergie à revendre, t'en veux ?! »
OCÉANE

L'ANTHROPOLOGUE VOUS DIT TOUT

Recettes taoïstes

Les taoïstes de la Chine antique, au IVe siècle avant J.C., conseillaient des exercices pour harmoniser le ciel et la terre. Ils recommandaient, pour se calmer, de se concentrer sur son nombril ! Pour eux, c'était le point qui pouvait calmer l'esprit et le ramener à la terre. Ils avaient aussi une règle : avant de faire quoi que ce soit, il fallait « s'asseoir et oublier » !

Pourquoi ça m'arrive ?

D'abord, tu n'es pas seul car une personne (enfant, ado ou adulte) sur vingt présente un « trouble de déficit de l'attention avec hyperactivité » (TDAH). Derrière ce nom bien long, se cache quelqu'un qui ne tient pas en place et qui présente des signes d'inattention, d'hyperactivité et d'impulsivité, depuis au moins six mois et dans tous les lieux fréquentés. Si c'est ton cas, comme tu te précipites pour tout faire (avant même de savoir ce qu'il faut faire), que tu réponds sans qu'on te parle, que tu passes à autre chose toutes les dix minutes, etc., ça finit par énerver tous les autres autour de toi. Peut-être même que, comme Nathan, tu te fais agresser verbalement, ce qui est complètement injuste car, même si cela paraît étonnant et difficile à croire, tu ne le fais pas exprès. C'est un retard de maturation de ton cerveau (par ailleurs normal), au niveau des régions contrôlant l'attention et la motricité, qui est en cause. Et comme, à l'adolescence, les bouleversements hormonaux peuvent aggraver ce comportement, tu te fais disputer pour ta mauvaise conduite à longueur de journée au point de perdre toute motivation et toute confiance en toi.

Comment faire ?

Étant donné que tu es la première victime de ce TDAH, tu dois convaincre tes parents de consulter un médecin. Si ce trouble est détecté, celui-ci peut demander au neuropsychologue de faire un bilan pour confirmer le diagnostic. Une fois la prise en charge effectuée, tout s'améliore pour toi : déjà, le neuropsychologue explique à tes parents, et au besoin à tes professeurs, de quoi il s'agit, ce qui évite qu'ils te fassent des reproches en continu. Ensuite, il leur délivre des tas de conseils destinés à te faciliter la vie, comme te donner une seule consigne à la fois, t'installer dans une pièce au calme où tu ne risques pas d'être distrait par tout et n'importe quoi, procéder par petites étapes, s'en tenir à l'essentiel, te valoriser dans un domaine où tu es bon, etc. Si ce n'est pas toi qui es concerné, mais un de tes copains (on compte cinq garçons touchés pour une seule fille), tu peux aussi l'aider en le soutenant car il en a vraiment besoin.

Vrai ou faux ?

Les chiens hyperactifs, ça existe !

Vrai. Et comme un chien hyperactif est capable de retourner une maison en quelques heures, le temps que ses propriétaires s'absentent, il y en a même qui pensent en rentrant chez eux que des cambrioleurs sont passés par là et qui portent plainte !

Qui suis-je ?

« J'ai un petit problème : tout le monde (ou presque) me traite de garçon manqué. Pourtant je suis une fille en chair et en os !!! J'aime juste les trucs de garçon et je ne mets jamais de robes ou de jupes. Ma mère dit que je dois les ignorer mais je n'y arrive pas, il paraît que je suis trop susceptible… »

Esther

« Mes amis ont une petite idée de ce qu'ils veulent faire ou ne pas faire dans la vie, mais moi, j'ai du mal à trouver ma place et à savoir qui je suis. Mes parents disent que c'est normal de se poser des questions à mon âge, mais ça ne m'aide pas vraiment ! »

Anonyme

Quelques réponses toutes prêtes…

Si certains se moquent de ton apparence, tu peux toujours répondre :

Version branchée

« C'est la nouvelle mode, vous n'êtes pas au courant ? Faut sortir ! »

Julien

Version féministe

« Tu te crois encore au Moyen Âge pour me dicter ce que je dois mettre ? »

Anonyme

Version tac au tac

« Et toi, t'es qui pour me donner des conseils vestimentaires Lagerfeld, Gaultier ? Non, bon alors… »

Anonyme

L'ANTHROPOLOGUE VOUS DIT TOUT

Je suis « Nous »

Pour les Tchouktche qui vivent près de l'Arctique, l'apparence n'est qu'un masque. « Tout ce qui existe vit et peut changer d'aspect », dit un chamane tchouktche. Ainsi, dans l'habitat, on pense que les lampes se promènent, que le pot de chambre a son territoire, etc. Pour ces peuples reliés à tout ce qui les entoure, on ne devrait pas dire « Qui suis-je ? » mais « Qui sommes-nous ? » Cette forme de pensée s'appelle l'animisme. Malheureusement, ce petit peuple est en voie d'extinction.

Pourquoi ça m'arrive ?

Se chercher, se poser des questions à l'adolescence, c'est une étape normale. Et en général, avant de savoir exactement ce que tu veux, tu commences par savoir ce que tu ne veux pas. C'est ce qui ne t'a pas plu dans l'expérience que tu as vécue. Le fait que tu te poses des questions est très sain : cela montre que tu es capable de prendre du recul, de peser le pour et le contre et, au final, de te forger ta propre opinion. Même si c'est plus difficile d'être dans l'incertitude que de suivre le mouvement, c'est essentiel d'apprendre à bien te connaître pour vivre plus tard en accord avec toi-même. Être capable de prendre du recul, c'est aussi ce qui t'aidera à franchir les différentes étapes de la vie.

Comment faire ?

Même si cela semble compliqué, ne te laisse pas trop influencer par les préjugés des autres. Dis-toi bien que pour un psychologue, l'identité d'une personne ne se résume pas à son look ou à ses activités, mais engage aussi son histoire, celle de sa famille, ses goûts, ses envies, ses projets, etc. Esther a donc bien raison de se sentir « fille » et de s'accepter telle qu'elle est et ce, quels que soient ses tenues vestimentaires et ses goûts en matière de jeux ou de sport. Si les autres réduisent le rôle de la fille à celle qui porte des jupes, des robes, aime le rose et les poupées, c'est leur problème – ils vivent de préjugés et de stéréotypes ! Chacun sa personnalité ! À rappeler d'urgence aux machos des cours de récré.

Vrai ou faux ?

Les papiers d'identité n'ont pas toujours existé.

Vrai. C'est en 1792 qu'un décret uniformise l'usage des noms et prénoms. Les soldats, les mendiants, les vagabonds, les criminels furent les premiers à être « fichés ».

Pourquoi j'ai des tonnes de complexes ?

« Je ne me sens pas bien dans ma peau, même si on me dit souvent que je suis belle ! »

MARIE

« J'ai les cheveux très bouclés blonds avec des reflets roux. **Tous les jours des gens se moquent de moi.** J'en ai parlé à mes parents mais **ils ne veulent pas que je me lisse les cheveux**. Que faire ? »

CHARLOTTE

Quelques réponses toutes prêtes...

Si on te demande si tu as des complexes à cause de tes grands pieds, tu peux toujours répondre :

Version ironique

« Grands pieds... Grand cerveau... C'est vrai, tout est grand chez moi ! »

ANONYME

Version pratique

« Au moins, je nage plus vite ! »

GABIN, ZOÉ, JOHANN

Version bien dans ses baskets

« C'est le pied ! »

MATHILDE

L'ANTHROPOLOGUE VOUS DIT TOUT

Sans complexes

En Occident, on juge notre corps par rapport à un modèle idéal d'être humain. En Amazonie, on pense aux autres êtres vivants avec lesquels il faut entrer en relation pour survivre : les animaux et les plantes. Il y a des personnes-jaguars, des personnes-souris, etc. On se donne l'apparence d'une espèce naturelle avec laquelle on se sent des affinités. On n'a pas de complexe individuel parce que l'identité est multiple : on se sent relié à toutes les espèces vivantes !

Pourquoi ça m'arrive ?

La question n'est pas de savoir si tu es plus ou moins beau que lorsque tu étais enfant, mais d'accepter les changements de ton corps. À l'adolescence, cela demande de faire le deuil de ta précédente image pour accepter la nouvelle et ce n'est pas si facile, parce que forcément, si tu regardes tout dans le détail, il y a des choses que tu aimerais changer. Pour Charlotte, c'est la nature et la couleur de ses cheveux. Pour un autre, ça pourrait être le manque de muscles ou un nez pointu ou des oreilles un peu décollées, etc. C'est rare de se trouver beau d'emblée ! Et c'est encore pire si tu te fies aux images renvoyées par les magazines : comme leurs mannequins sont retouchés sur Photoshop, c'est facile de leur faire une peau sublime, un teint parfait, des lignes exceptionnelles... Mais si tu croisais ces mannequins dans la vraie vie, sans maquillage, sans coiffure spéciale et sans retouche, il est fort probable que tu ne les remarquerais même pas !

Comment faire ?

Ce qui fait la beauté d'une personne, ce n'est pas une somme de détails, mais une vision d'ensemble. Ainsi, une personne souriante, amusante et sûre d'elle-même attire naturellement les regards et la sympathie. Cela demande de se débarrasser de ses complexes et pour y arriver, il faut être moins sévère avec soi-même. Au lieu de te focaliser sur ce qui ne va pas, fais plutôt le bilan de ce que tes amis apprécient chez toi et des compliments que l'on t'a déjà faits (même si cela vient de ta famille). Il faut enfin que vous vous souteniez à fond entre amis, et pour cela il n'y a pas mieux que de se lancer une petite dose de compliments quand vous êtes ensemble. Pas des trucs auxquels vous ne croyez pas une seconde, mais des compliments sincères comme « trop bien coiffé aujourd'hui » ou « j'adore ta tenue » ou « on a passé une super soirée, hier ». Comme un cerveau carbure aux informations positives, plus tu reçois de compliments, plus ta confiance en toi grimpe en flèche et adieu les complexes !

Vrai ou faux ?

La publicité joue sur tes complexes à des fins commerciales.

Vrai. Pourquoi crois-tu que les pubs te répètent à longueur de journée que c'est une catastrophe d'avoir un bouton, des vergetures ou un kilo de trop ? Pour te vendre des produits censés gommer tes complexes, bien sûr !

Je suis trop influençable, c'est grave ?

« J'ai un ami qui *m'ordonne de faire des choses que je n'apprécie pas*, mais j'ai peur de lui dire en face car c'est un de mes plus vieux amis. Aidez-moi, svp ! »

Nicolas, 12 ans

« Ma grande sœur est amoureuse **d'un garçon pas trop fréquentable et elle s'est mise à fumer, à répondre aux parents et à sécher les cours**. Elle me dit de me mêler de mes affaires. Je veux retrouver ma sœur, quoi faire ? »

Anonyme

Quelques réponses toutes prêtes…

Si tes parents te reprochent d'être borné et de ne pas les écouter, tu peux toujours répondre :

Version ironique

« Vous m'avez appris à ne pas me laisser influencer, j'applique vos conseils à la lettre ! »

Anonyme

Version têtue

« Je ne suis pas bornée, j'ai toujours raison. Nuance ! »

Lucie

Version insolente

« Vous me dites toujours qu'il ne faut pas avoir de préjugés et se forger sa propre opinion, alors je teste ! »

Mathilde

Pourquoi ça m'arrive ?

Enfant, tu mettais tes parents sur un piédestal. Adolescent, tu te rends compte de leurs imperfections et du coup, tu te cherches d'autres modèles, à commencer par tes copains. C'est la raison pour laquelle vous vous inventez des petits rituels au sein d'un groupe, ne serait-ce que pour vous saluer. Acheter des vêtements de marques, cela fait aussi partie de ce qui vous rassemble et les publicitaires savent jouer là-dessus pour influencer tes achats !
À côté de ces influences qui ne sont pas spécialement néfastes – sauf pour ton porte-monnaie ! –, il en existe d'autres qui peuvent vraiment te mettre en danger. C'est le cas si un ou plusieurs de tes copains te poussent à boire de l'alcool, à ne plus aller en cours, à commettre des actes délictueux, etc. Et lorsqu'un groupe te pousse carrément à rompre tout lien avec ton ancienne vie, méfiance, car il peut s'agir d'une secte.

Comment faire ?

Si, comme Nicolas, tu es conscient de ce qui t'arrive, tu peux apprendre à dire « non », en partant de ce qui te semble le plus simple : tu obtiendras probablement une réponse du style « on ne peut pas compter sur toi » (chantage affectif). Reste ferme et réponds que tu veux juste être en phase avec tes convictions et que si c'est ton ami, il peut (il doit) comprendre ! Si, comme dans le second témoignage, tu veux aider quelqu'un qui n'a pas conscience d'être sous influence, il faut en parler à un adulte de confiance (parents, autre proche de la famille). Cette situation se produit plus souvent si l'adolescent a une mauvaise estime de lui. C'est donc à sa famille de le rassurer par des petites phrases du style « tu sais qu'on t'aime », « on est fiers de toi », etc. Si c'est grave, il peut y avoir aussi une aide psychologique. Un adulte, autrefois victime d'une mauvaise fréquentation, peut aussi lui expliquer sa mauvaise expérience : c'est une façon de l'inviter à la prudence sans qu'il se sente visé.

Vrai ou faux ?

Les fréquentations des ados sont le gros sujet d'inquiétude des parents.

Vrai. Le thème des mauvaises fréquentations représente l'une des questions les plus souvent posées aux éducateurs !

Pourquoi ce qui est bon pour ma santé ne m'attire pas ?

« Ma mère dit qu'il faut que je mange des légumes car c'est bon pour ma santé, mais ça ne m'attire pas du tout ! » ANONYME

« Ma meilleure amie est assez petite mais elle est très maigre et lorsque je lui demande de manger plus, elle m'ignore. Que faire ? » **ANONYME**

« Je suis anorexique. J'ai réussi à stabiliser mon poids depuis un mois, seulement à l'hôpital, on m'a donné une sorte de contrat : je dois avoir pris 600 grammes prochainement. J'ai peur de ne pas réussir car si je n'atteins pas cet objectif, je serai hospitalisée. Aidez-moi, j'ai très peur. » **ESTELLE, 14 ANS**

Quelques réponses toutes prêtes…

Si tes parents te reprochent de manger n'importe quoi, n'importe comment, tu peux toujours répondre :

Version tac au tac

« Pourquoi c'est dans le placard s'il ne faut pas en manger ? »
ANONYME

Version écolo

« Je mange tout ce que vous achetez, je n'aime pas le gâchis ! »
JONATHAN

L'ANTHROPOLOGUE VOUS DIT TOUT

Un goût de terre

Des missionnaires au XIXe siècle ont raconté que les Indiens de Guyane avaient à certains moments une envie incontrôlable de manger… des terres argileuses ! Ingérées à petites doses, elles n'étaient pas nocives, mais certains en étaient tellement friands qu'ils en sont morts ! Ce mal mystérieux est aujourd'hui bien connu des médecins : c'est le syndrome de Pica. Il se manifeste par l'absorption d'éléments inhabituels. Il pourrait être dû à certaines carences en fer ou en zinc et est également décrit dans l'autisme et dans certaines affections psychiatriques.

L'AVIS DU DOC

Pourquoi ça m'arrive ?

L'idée selon laquelle toute personne sait d'instinct ce qui est bon ou mauvais pour sa santé est un mythe. Si c'était vrai, il n'y aurait pas autant de fumeurs, de buveurs excessifs d'alcool, de consommateurs de plats trop gras, trop salés et/ou trop sucrés, etc.
C'est encore pire à notre époque où l'on ne va plus chercher ses aliments dans les champs ou dans les forêts, mais dans les supermarchés. La plupart des aliments modernes ont subi des transformations industrielles qui facilitent leur conservation, mais ne sont pas forcément bonnes pour notre santé ! C'est pourquoi la très grande majorité des nutritionnistes recommande d'acheter ses produits de base si possible en direct des agriculteurs et des éleveurs – d'autant que les produits de saison sont les plus riches en vitamines – et de les cuisiner soi-même. Enfin, n'oublie pas la règle « il faut manger de tout, un peu », avec au moins cinq portions de fruits et légumes par jour.

Comment faire ?

Les légumes et les fruits sont vraiment tes alliés et si tu n'es pas trop attiré par eux, c'est peut-être que tu ne les as pas tous goûtés. Sais-tu par exemple qu'il existe plusieurs milliers de variétés de tomates (dont plusieurs centaines répertoriées en France) ?
Et les légumes oubliés comme le potimarron, les panais, les rutabagas, etc. (ceux que consommaient tes ancêtres) reviennent à la mode : demande à tes parents d'en acheter et goûtez-les en famille !
Tu peux enfin cultiver des plantes aromatiques en pot (basilic, thym, romarin, persil, ciboulette, menthe, etc.) et en mettre sur tous tes plats.
Attention, l'anorexie (dont souffre Estelle) est un cas à part : elle correspond à une déformation grave de l'image de son corps (la personne anorexique se voit toujours trop grosse, alors qu'elle est maigre). C'est une vraie maladie qui va bien au-delà de savoir ce qui est bon ou mauvais pour soi. Dans ce cas extrême, une prise en charge psychologique et un suivi nutritionnel sont indispensables.
L'hospitalisation qui permet de sortir du milieu familial, où les repas sont souvent conflictuels, permet de calmer les tensions.

Vrai ou faux ?

Chiens et chats ont un excellent instinct naturel.

Faux. Même les animaux se trompent : les vétérinaires reçoivent en permanence des chiens ou des chats qui ont mangé une plante dangereuse pour eux.

Faut-il avoir peur d'avoir peur ?

« J'ai une phobie que je n'arrive pas à gérer : j'ai peur de l'ascenseur qui se trouve dans ma résidence. Il se bloque pratiquement tous les mois et j'ai la trouille qu'un jour il se bloque quand je serai seul dedans. »
TITOUAN

« C'est plus fort que moi, dès que je dois faire un vaccin, je pleure, je ne me contrôle plus ! »
JEANNE, 12 ANS

« **Je suis agoraphobe**. Quand je traverse une manifestation dans la rue, ou quand le métro est bloqué sur la voie et qu'il y a énormément de monde, **je panique et je me mets à pleurer**. Au collège aussi, il y a beaucoup de monde qui se bouscule à la sortie ou dans la queue de la cantine et je suis obligée d'attendre longtemps pour sortir à mon tour… » **ZOÉ**

Quelques réponses toutes prêtes…

Si tes parents ou tes copains te demandent pourquoi tu es si peureux, tu peux toujours répondre :

Version phobique
« Hou là, votre question, elle me fait peur ! »
ANONYME

Version dicton
« Qui se ressemble s'assemble ! »
CLÉMENTINE

Version pas d'assurance
« On n'est jamais assez prudent contre les accidents de la vie ! »
CLÉMENTINE

L'ANTHROPOLOGUE VOUS DIT TOUT

Une vieille phobie très coûteuse !

La paraskevidékatriaphobie correspond à la peur des vendredis 13 ! Son origine serait liée à la crucifixion du Christ. À son dernier repas, Jésus Christ était en effet entouré de ses douze apôtres, de sorte qu'ils étaient treize à table le soir du Jeudi saint. Le lendemain – un vendredi, jour de la crucifixion – est ainsi devenu de très mauvais augure… et ça continue ! Cette crainte coûterait chaque année des millions à l'économie mondiale, en raison de changements de projets de voyage, de reports d'achats ou d'absentéisme au travail !

Pourquoi ça m'arrive ?

La peur est inscrite dans nos gènes puisque c'est elle qui a permis à nos ancêtres d'avoir le réflexe de se sauver ou de se battre, lorsqu'ils se trouvaient face à un danger. Être phobique en revanche, c'est avoir peur d'un danger qui n'existe pas et tout faire pour éviter d'être confronté à la situation. Cette phobie peut se déclencher suite à une mauvaise expérience, comme pour Titouan avec son ascenseur trop souvent en panne ou comme Jeanne qui a probablement eu très mal lors d'une précédente piqûre. Mais parfois, c'est l'un de tes parents, phobique, qui t'a inculqué malgré lui l'idée que tel ou tel élément était dangereux !

On parle de phobie simple ou spécifique quand la peur porte sur des éléments naturels, par opposition aux phobies sociales (peur du regard des autres) et à l'agoraphobie, qui correspond à la peur de faire un malaise dans un lieu public comme pour Zoé. L'agoraphobie est l'une des phobies les plus handicapantes et, pour les deux millions de personnes concernées, la moindre sortie banale se transforme en cauchemar, jusqu'à rendre impossible toute vie sociale.

Comment faire ?

Lorsque la phobie devient vraiment gênante dans la vie, c'est le signal qu'il faut consulter un psychologue spécialisé en thérapie comportementale.
Il commence par te demander de classer tes peurs de la plus petite à la plus grosse. Ensuite, il t'apprend des techniques de relaxation, comme respirer amplement en te concentrant sur ton souffle. Il t'apprend aussi à reconnaître les idées négatives qui surgissent dans ta tête et qui ne font qu'augmenter ta peur (comme la peur de mourir). Puis, il te met dans la situation de ce qui te fait le moins peur et te demande d'utiliser les techniques de relaxation apprises, jusqu'à être à l'aise avec cette situation. Il peut alors passer à la gestion d'une autre peur et ainsi de suite, jusqu'à ta plus grosse phobie. Comme un petit succès en amène un autre (effet boule de neige), tu finis par être capable de contrôler toutes tes angoisses. C'est très efficace !

Vrai ou faux ?

Plus d'un Français sur dix est phobique.

Vrai. Au moins 12 % des Français seraient concernés par l'une des 6 456 phobies différentes recensées !

C'est trop de stress, la vie d'ado, quoi faire ?

« Je passe un examen d'entrée dans une école de sport cette année et c'est très stressant car je dois absolument avoir de très bonnes notes.
Ma mère travaille dix heures par jour et quand elle rentre, impossible de lui parler, vu qu'elle s'énerve pour un rien, ce qui ne m'aide pas à décompresser ! »

GWENDOLINE, 13 ANS

« Mes parents me trouvent trop stressé car je m'angoisse beaucoup avant un contrôle et après, je pense l'avoir raté alors qu'au final, j'ai de bonnes notes. Et c'est comme ça pour tout ! »

ANONYME

Quelques réponses toutes prêtes…

Si tes parents te trouvent trop stressé, tu peux toujours répondre :

Version angoissée

« Arrêtez avec vos questions, vous me stressez ! »

ANONYME

Version publicitaire

« Pas de stress, il y a point S ! »

JULIEN

Version vengeance familiale

« Comment voulez-vous que je ne sois pas stressé avec un frère pareil ? »

ANONYME

L'ANTHROPOLOGUE VOUS DIT TOUT

Un hochet antistress

Ce qui stresse le plus un Indien du Chaco, en Argentine, c'est un mauvais présage. Mais dans ce cas, il ne reste pas inactif et résigné. Il essaie à tout prix d'apaiser les esprits, en particulier en faisant du bruit, avec un tambour ou un hochet magique, fabriqué avec une gourde dans laquelle il a introduit des scarabées et d'autres bestioles. Ce bruit endort les mauvais esprits, mais attention, car l'homme qui l'écoute devient paresseux !

L'AVIS DU DOC

Pourquoi ça m'arrive ?

Il y a stress et stress ! Le stress positif est celui qui te donne l'énergie de faire face à une situation nouvelle et de trouver les solutions, grâce à la sécrétion d'une hormone stimulante : le cortisol. C'est le bon stress qui permet par exemple aux champions de réaliser des prouesses ! Mais il y a aussi le stress négatif : en cas de défi vraiment trop ardu, le cortisol est sécrété en excès et cela finit par bloquer toutes les informations au niveau du cerveau. Enfin, quand l'organisme est en permanence sous pression (stress chronique), l'excès de sécrétion des hormones du stress finit par rendre malade. Il peut provoquer des douleurs (maux de ventre, céphalées de tension, douleurs articulaires et musculaires…) ou aggraver une affection existante comme un asthme, un eczéma, un psoriasis, etc. Ce mauvais stress pousse en plus à adopter des comportements à risque, comme fumer ou boire trop d'alcool.
Enfin, quand tu es stressé, tu te montres plus facilement irritable, tu as des difficultés à t'endormir ou des réveils nocturnes et une fatigue chronique.

Comment faire ?

Tu es d'autant plus stressé que tu subis la situation et que tu manques de marge de manœuvre. C'est pourquoi tu dois te fixer des objectifs atteignables, compatibles avec ta personnalité, ton niveau d'études, ton niveau de préparation, tes capacités, etc. Gwendoline est stressée par son examen d'entrée, mais si elle s'y prépare tout au long de l'année, elle se sentira plus en confiance. C'est pareil pour toute épreuve (contrôles, examens et concours). Gwendoline peut aussi se dire que si elle le réussit, elle aura relevé son défi mais que si elle échoue, ce n'est pas une catastrophe (elle ne va pas mourir et sa vie professionnelle ne sera pas ratée). Apprendre à relativiser, ça aide ! Et pour y arriver, il est important de se trouver des dérivatifs : sorties entre amis ou pauses « rire » ou sport, à chacun son truc !

Vrai ou faux ?

Changer d'établissement, c'est aussi stressant que de changer d'horaires.

Vrai. Il existe une échelle du stress utilisée par les psychologues, notant de 100 (stress maximal) à 0 (pas de stress) les différents évènements de la vie. Les changements d'établissement, d'horaires de travail ou de domicile comptent 20 points. Ce n'est donc rien à côté du jour où tu te marieras : 50 points sur cette échelle !

C'est normal d'être plus susceptible qu'avant ?

« **Je suis extrêmement susceptible**. Dès qu'un professeur, quelqu'un de ma classe ou même un de mes parents me fait une remarque, **j'ai une boule dans la gorge, la voix qui tremble et une grande envie de pleurer**. Je n'arrive pas à maîtriser cela et ça me pourrit la vie. »
Anonyme

« Je pleure très facilement, surtout en public. Ça me gêne car il m'arrive même de ne pas savoir pourquoi je pleure ! C'est très handicapant ! »
Anonyme

« J'ai un gros problème : je suis très susceptible et je me mets toujours en colère avec mes amis, je n'arrive pas à me maîtriser ! »
Hannah

Quelques réponses toutes prêtes…

Si tes amis trouvent que tu es trop susceptible, tu peux toujours leur répondre :

Version surdouée
« Que voulez-vous, comme tous les génies : je suis trop sensible ! »
Julien

Version tac au tac
« Et vous… Pas assez ! »
Lucie

Version émotion
« C'est que je suis tellement ému de vous avoir comme amis ! »
Anonyme

L'ANTHROPOLOGUE VOUS DIT TOUT

Un poumon qui pleure

En médecine chinoise, on explique le dérèglement d'un organe par une émotion trop forte. La colère est ainsi liée au foie, la tristesse au poumon, la joie au cœur, la peur au rein et les pensées obsédantes et tout ce qui touche à la nostalgie, à la rate ! Et s'il faut bien maîtriser le fonctionnement de ces organes, c'est aussi parce que les démonstrations d'émotions en public ne sont pas très bien acceptées en Chine !

L'AVIS DU DOC

Pourquoi ça m'arrive ?

C'est avant tout une question de caractère et d'éducation. En effet, dans certaines familles, on encourage l'expression des sentiments alors que dans d'autres, il est mal vu de dire ce qu'on ressent. Et comme à la puberté il est fréquent que tes émotions soient exacerbées, tu peux passer du rire aux larmes, de la joie à la colère… Tant que cette hyperémotivité ne te gêne pas, ce n'est pas grave. Le problème, c'est si cette hypersensibilité te paralyse au point de ne plus oser t'exprimer en public, d'être hyper angoissé à la seule idée de devoir passer au tableau, de pleurer à la moindre contrariété ou remarque, etc.

Comment faire ?

Dès que tu sens ta gorge se nouer et les larmes te monter aux yeux, respire amplement en te concentrant sur ta respiration pour vite retrouver ton calme. Ensuite, prends quelques secondes pour analyser la situation et relativiser. Est-ce que la remarque qui t'a mis dans cet état est vraiment si terrible ou a-t-elle pour seul but de te pousser à te dépasser ? À bien y réfléchir, tu verras que ce n'est pas si catastrophique, que cela ne remet rien en cause : ni l'amour ou la confiance de tes parents, ni l'amitié de tes copains, ni ta vie professionnelle future.
Si tu arrives à maîtriser ne serait-ce qu'une fois ton envie de pleurer, en laissant parler ton cerveau de la raison à la place du cerveau des émotions, c'est gagné ! En effet, une petite victoire en appelle une autre et, de victoire en victoire, tu vas avoir plus confiance en toi. Si vraiment c'est trop difficile d'y arriver seul, n'hésite pas à demander à tes parents à voir le médecin : il peut te donner de l'homéopathie (sans danger et sans risque d'accoutumance) pour surmonter ton trac et/ou tes accès de larmes.

Vrai ou faux ?

Ceux qui n'éprouvent ni sentiments ni émotions sont des psychopathes.

Vrai. Et aux dires des experts, ces personnes représenteraient jusqu'à 5 % de la population mondiale. Comme elles sont dépourvues d'émotions, elles n'éprouvent ni empathie pour ceux à qui elles font du mal, ni remords, ni culpabilité. Pas étonnant que les criminels et les tueurs en série les plus horribles en fassent partie !

Comment en finir avec cette timidité qui me pourrit la vie ?

*« J'ai 13 ans et **je rougis tout le temps**. Si je sens des regards sur moi, je peux même me mettre à trembler, avoir mes mains qui deviennent moites et claquer des dents. **C'est horrible**... »*
Marie

« Je perds mes moyens quand je sens que tout le monde me regarde. De plus j'ai une peur panique de la scène alors que je fais de la musique ! » Juliette

Quelques réponses toutes prêtes...

Si tes amis trouvent que tu es trop timide, tu peux toujours répondre :

Version tac au tac

« Pourquoi tu rougis quand tu me dis ça ? »
Anonyme

Version Blanche-Neige

« Tu préfères Grincheux ? »
Enora

Version rusée

« J'ai lu que la timidité avait son charme alors je teste à quel point je suis irrésistible ! »
Mathilde

L'ANTHROPOLOGUE VOUS DIT TOUT

Exprimer ses émotions : tout un poème !

La culture des nomades bédouins n'autorise pas l'expression de l'émotion : son idéal est le contrôle sur soi. Il n'y a que la poésie qui permet d'exprimer ce que l'on ressent. Ainsi, dans la vie quotidienne, les hommes et les femmes passent facilement du discours ordinaire au poème, afin de permettre à leurs sentiments de s'exprimer, sans pour autant perdre leur honneur !

L'AVIS DU DOC

Pourquoi ça m'arrive ?

Moins tu as confiance en toi, plus tu as peur d'être jugé par les autres et plus tu risques de te montrer timide. En pratique, cela se traduit par une tendance à rougir facilement, voire à trembler, claquer des dents et transpirer (y compris au niveau des mains) comme Marie. Sous l'effet du stress, le cœur s'accélère et les petits vaisseaux (notamment ceux de ton visage) se dilatent. Ça te chauffe les joues et pour peu que ta peau soit assez fine, cet afflux sanguin devient visible. De quoi te rendre encore plus mal à l'aise, au point que certains ont carrément la phobie de rougir en public : c'est « l'éreutophobie » qui touche 10 % de la population.

Comment faire ?

Puisque c'est le stress qui t'a mis dans cet état, tu dois trouver le moyen de l'évacuer. Quand tu sens que tu vas rougir, respire lentement et amplement, avec le ventre (lorsque tu es stressé, ta respiration est rapide et superficielle). Regarde loin devant toi, car le simple fait de regarder par terre – un réflexe de timide – t'empêche de respirer à fond.
Ensuite, imagine-toi en train de parler devant une classe, super à l'aise. Cette visualisation positive aide à conditionner ton cerveau à l'idée que tu peux parler en public sans que ça te stresse. C'est plus efficace que tu pourrais le croire : par exemple, des études ont prouvé que les étudiants qui s'imaginaient réussir leurs examens avaient un plus fort taux de réussite que ceux qui étaient persuadés qu'ils allaient les rater !
Il ne te reste plus qu'à te lancer des petits défis en partant de ce qui te semble le plus simple : par exemple, demander l'heure dans la rue sans rougir. Quand tu réussis, passe à un défi un peu plus compliqué à tes yeux et ainsi de suite... Exerce-toi aussi à lever la main en classe, d'abord avec le prof qui te met le plus à l'aise, puis un autre, etc. Commence donc par répondre sur un sujet où tu es sûr de la réponse : en effet, le plaisir que tu vas ressentir quand le prof te dira que c'est bon va donner des ailes à ton cerveau qui hésitera moins à recommencer l'expérience. De petites épreuves en petites épreuves, viendra le moment où tu seras capable d'aborder n'importe qui dans la rue et même de parler en public. Or cette nouvelle aisance te servira toute ta vie !

Vrai ou faux ?

Dans un groupe, le timide est souvent choisi comme confident.

Vrai. Les autres lui attribuent volontiers des qualités indispensables à cette tâche, comme le fait d'être observateur, à l'écoute, discret, émotif et donc capable de comprendre tout ce qui leur arrive !

Les embrouilles entre amis, c'est normal ?

« J'ai une meilleure amie qui me laisse tout le temps tomber pour aller avec des filles qui ne m'aiment pas, que faire ? » Léa, 12 ans

« J'ai seulement une amie qui elle, en a plein. Du coup, quand je ne suis pas avec elle, je n'ai personne à qui parler ! » **Anonyme, 11 ans et demi**

« J'ai beau bien m'habiller et avoir des amies, je passe toutes mes récréations seule, car j'ai peur de déranger. Help ! » Ève, 12 ans

« J'ai une amie déléguée qui prend son rôle trop au sérieux : **elle ne veut plus me répondre**, que faire ? »
Anouk, 11 ans

« Depuis quelque temps, j'ai l'impression que je m'éloigne de mes amis les plus proches, pourquoi ? »
Franck

Quelques réponses toutes prêtes...

Si tes parents te demandent pourquoi tu te chamailles avec tes amis, tu peux toujours répondre :

Version bon sens
« On a juste des avis différents ! »
Jessy

Version ironique
« C'est pour mieux me réconcilier avec ! » Anonyme

Version embrouilles
« De quoi je me mêle ?! »
Mathilde

L'ANTHROPOLOGUE VOUS DIT TOUT

Le dieu Eshu, roi des embrouilles !

Les histoires entre amis, ça existe depuis le paléolithique ! Les Africains ont même créé un dieu des embrouilles. Chez les peuples yoruba, le dieu Eshu est décrit comme bourré de contradictions et adorant les méchancetés. Pour brouiller tout le monde, il peut adopter 256 formes différentes et parler toutes les langues. Il a mis fin à l'amitié entre deux hommes en portant un chapeau qui était blanc d'un côté et noir de l'autre : les amis, ne parvenant pas à se mettre d'accord sur la couleur du chapeau, se sont fâchés pour la vie !

L'AVIS DU DOC

Pourquoi les amis comptent autant pour toi ?

L'être humain a besoin d'interactions avec d'autres humains pour s'épanouir. C'est vrai à tout âge, mais peut-être encore plus à l'adolescence, car rester en compagnie d'autres ados t'aide à prendre un peu de distance avec le cocon familial et donc, à te forger ta personnalité. Passer du temps avec tes amis, échanger vos opinions, des secrets, vous entraider, rigoler, avoir de vrais moments de complicité, etc., c'est ça, la recette pour savoir comment te comporter plus tard en société ! Quand tu l'auras compris, tu verras que finalement, les embrouilles, ce n'est pas si mal ! En effet, en apprenant à les gérer, à te réconcilier avec tes amis, à repartir sur de bonnes bases, tu apprends en parallèle à gérer les conflits, ce qui te servira tout au long de ta vie d'adulte. Tu as aussi intérêt à aller vers les autres afin de ne pas te retrouver seul quand ton meilleur ami n'est pas disponible, ce qui est gênant pour toi (tu te sens abandonné) comme pour lui (il peut se sentir étouffé). Cela demande de prendre sur soi : ça peut sembler compliqué d'aborder quelqu'un la première fois, mais ça l'est déjà moins la seconde et encore moins la troisième. Cette expérience pour te faire de nouvelles relations te sera aussi bien utile !

Les amis, ça n'est pas toujours pour la vie...

Comme tu attends d'un ami qu'il te comprenne sans avoir besoin de parler, qu'il ne te juge pas, qu'il te défende, etc., cela suppose une forte complicité entre vous. Mais à l'adolescence, il change et toi aussi ! Et parfois, ces changements vous éloignent l'un de l'autre. Momentanément ou définitivement. Même si la « perte » d'un ami peut être douloureuse, elle est aussi utile à la construction de ta personnalité : en surmontant cette épreuve (notamment en te faisant de nouveaux amis), tu te prépares à mieux réagir plus tard en cas de rupture ou de perte d'un être cher...

Vrai ou faux ?

La progestérone est une hormone qui favorise l'amitié.

Vrai ! Bien qu'il s'agisse d'une hormone féminine, les garçons en produisent aussi un petit peu. Certains travaux ont montré que plus une personne était sociable, plus son taux de progestérone était élevé. Cela ne veut pas dire que la seule raison qui te pousse à te faire des amis est ton taux de progestérone, mais c'est un facteur parmi d'autres !

Comment inspirer confiance à ses parents ?

Quelques réponses toutes prêtes...

Si tes parents se demandent encore s'ils peuvent te faire confiance, tu peux leur répondre :

Version tac au tac

« Quand il s'agit de vous aider à la maison, de faire le ménage et de m'occuper de mes frères et sœurs, vous me faites déjà confiance, alors ! » JEAN-VICTOR

Version angélique

« Je ne vous mens jamais, juré ! » OPHÉLIE

Version logique

« Avec toutes les bonnes notes que j'ai, c'est obligé ! » MAËL

« Mes parents regardent tous les soirs mon agenda. **Si j'ai des leçons, ils me les font réciter et si je ne les connais pas, je dois les réapprendre, même en présence de mes copines !** J'en ai assez, que faire ? »

LUCIE, 12 ANS

« Pour gagner la confiance des parents, ***je sais qu'il faut bien travailler et ne pas faire de bêtises, mais pour l'instant, pour moi, ce n'est pas ça !*** Pourtant, j'aimerais bien qu'ils me fassent plus confiance, comment faire ? »

JONATHAN

Qu'est-ce que la confiance ?

Il existe deux types de confiance : celle que l'on accorde aux autres, notamment parce qu'ils nous semblent fiables, sérieux, compétents, etc. Et celle que l'on a en nous et qui nous aide à surmonter tous les petits et gros tracas auxquels on est confronté tout au long de la vie. Or, on inspire plus facilement confiance aux autres quand on a soi-même confiance en soi ! Cela s'apprend, notamment grâce à l'expérience : quand on fait quelque chose pour la première fois, on est souvent maladroit, c'est normal. Un peu moins la deuxième fois et ainsi de suite... C'est pourquoi il ne faut pas se décourager, dans quelque domaine que ce soit, mais insister : chaque nouvel essai nous aide à nous améliorer et à prendre confiance en nous jusqu'au moment où l'on y arrive enfin. À partir de là, les autres nous accordent leur confiance, car on est enfin vu comme quelqu'un de fiable. C'est pareil pour les parents : s'ils t'imposent certaines règles – comme toujours leur dire où tu es, respecter les heures autorisées de rentrées, donner la priorité aux devoirs, etc. – et s'aperçoivent que tu fais des efforts pour t'y tenir, leur niveau de confiance en toi grimpe en flèche. À l'inverse, s'ils se rendent compte que tu ne tiens pas ta parole et que tu ne fais aucun effort, cette confiance fond comme neige au soleil ! Ne pense pas que c'est sans importance : quand tu auras besoin d'une permission ou de leur accord pour une décision importante dans ta vie (choix d'une filière, par exemple), leur décision de te dire oui ou non sera directement liée au niveau de confiance qu'ils t'accorderont à ce moment-là.

Un abus de confiance, c'est grave ?

C'est une infraction au regard de la loi. On parle d'abus de confiance quand quelqu'un s'approprie un bien et en dispose de façon contraire à ce qui avait été convenu avec son propriétaire. Celui qui a abusé de la confiance de l'autre encourt jusqu'à trois ans d'emprisonnement et 375 000 € d'amende ! Évidemment, il n'est pas question de prison et/ou d'amende si tu as trahi la confiance de tes parents ou d'un ami. Mais tu risques quand même des représailles : par exemple, la confiscation de ton portable ou une interdiction de sortie de la part de tes parents, ou encore une mise à l'écart par tes amis et ça aussi, ça fait très mal !

Vrai ou faux ?
Il existe une hormone de la confiance !

C'est vrai ! C'est l'ocytocine et cette hormone est sécrétée au niveau de ton cerveau, dans une petite structure appelée « hypothalamus ». Elle est connue pour favoriser l'attachement et la confiance en autrui. Pour leurs recherches, les scientifiques disposent d'ailleurs de sprays diffusant de l'ocytocine : cela leur permet de vérifier si les personnes qui en reçoivent deviennent bien de plus en plus confiantes. Malheureusement pour toi (et heureusement pour tes parents), ce spray à l'ocytocine n'est pas encore en vente libre !

Différents et amis, c'est possible ?!

« Je suis au collège et je ne m'intéresse vraiment pas à la mode, alors que mes amies ne pensent qu'à ça. Quand elles parlent de marques, de vêtements, je me sens isolée, que faire ? » Thaïs

« Quand j'étais petite, ma mère m'a présenté une fille de mon âge. Elle adorait le rose, les princesses et la danse tandis que moi, j'aimais le bleu, les fées et l'équitation. ***Nous n'avions rien en commun, sauf l'âge et la classe,*** *mais nous sommes devenues* ***les meilleures amies du monde !*** *Est-ce que cela va durer ? »* **Enora**

Quelques réponses toutes prêtes...

Si nos parents veulent savoir pourquoi on est amis avec quelqu'un d'aussi différent de nous, on peut répondre :

Version pragmatique
« De toute façon, on n'est pas tous pareils ! » Louis et Maëlla

Version lucide
« Il suffit de quelques points communs ! » Eugène

Version positive
« Eh bien comme ça, ça nous donne l'occasion de faire connaissance ! » Samy

Version négative
« Les enfants des amis de nos parents peuvent ne pas être nos amis en dépit de ces points communs ! » Alan

Vaut-il mieux être différents ou proches pour bien s'entendre ?

Tout dépend de ce qui vous différencie ! Chacun a des convictions, des habitudes, des comportements, etc. auxquels il tient un peu ou beaucoup. Et si tu y réfléchis, tu t'aperçois que c'est pareil pour toi : tu as forcément des principes auxquels tu tiens par-dessus tout et qui ne sont pas négociables à tes yeux (par exemple, pas de mensonges entre amis). Si tu rencontres quelqu'un et que tu t'aperçois que justement, c'est un menteur invétéré et qu'il te raconte n'importe quoi, il va être très difficile de te lier d'amitié avec lui (ou peut-être essaieras-tu avec l'espoir de le changer, mais ce n'est pas gagné !). Dans ce cas, clairement, cette différence peut devenir un obstacle important à une amitié durable. À l'inverse, si vous partagez un certain nombre de valeurs clés (celles qu'aucun de vous deux n'est prêt à négocier), vos autres différences ne devraient pas poser de problème. C'est même très enrichissant d'entendre d'autres points de vue que les siens et d'en discuter, tant que cela se fait dans le respect et la tolérance. Et cette capacité à écouter l'autre pour tenter de le comprendre et de débattre, elle te servira toute ta vie !

Qui se ressemble s'assemble ?

C'est ce que dit le proverbe et ce ne sont pas les scientifiques qui vont lui donner tort. En effet, il ressort de certains de leurs travaux que les hommes sont davantage attirés physiquement par des femmes qui partagent des traits de visage avec eux, autrement dit, des femmes qui leur ressemblent un peu. Et de leur côté, les femmes seraient attirées par l'odeur des hommes qui ont certains gènes communs avec leur père. Pour autant, les expériences qui ont abouti à ces résultats se sont déroulées dans des centres de recherche. Or, dans la vraie vie, bien d'autres facteurs peuvent jouer, comme le fait de partager un loisir commun, d'être voisins ou collègues, etc. Ce n'est donc pas aussi simple !

Vrai ou faux ?

Il y a plus de divorces en cas de mariage mixte.

C'est vrai, lorsque le mari et la femme sont de nationalités ou de religions différentes, les statistiques font état d'un plus grand taux de divorce que dans le reste de la population. Il semble que la belle-famille ait une grosse part de responsabilité dans cet échec, notamment lorsqu'elle refuse d'accepter celui ou celle qui n'est pas comme elle.

Pourquoi mes parents, mes frères et moi, on n'arrête pas de se disputer ?

« Chez moi, dans ma famille, on se dispute tous les jours. Ça m'énerve, car on ne peut pas être tranquille, on entend toujours quelqu'un crier. J'ai déjà fait remarquer ça à mes parents et je leur ai aussi dit que c'était très désagréable, mais ils s'énervent encore plus ! Comment leur dire sans qu'ils s'énervent ? Aidez-moi, parce que j'en ai marre ! » **Valentine, 14 ans**

« Mon père ne fait que s'énerver pour rien et ça gâche beaucoup de choses dans la famille et ça gâche aussi ma vie ! »
Anonyme

Quelques réponses toutes prêtes...

Si tes parents te reprochent de t'être disputé avec tes frères et sœurs ou avec eux...

Version tac au tac

« On ne se dispute pas, on joue au papa et à la maman ! »
Anonyme

Version dispute

« Pour se disputer, faut être deux ! Pourquoi il n'y a que moi qui prends ? »
Fanny

L'ANTHROPOLOGUE VOUS DIT TOUT

La maladie de la dispute

Chez les Indiens quechuas des Andes (depuis le sud de la Colombie jusqu'au nord du Chili et au nord-ouest de l'Argentine), il existe une maladie qui se déclenche quand on a des difficultés avec son entourage. Si un homme se dispute avec sa femme, ou bien avec un autre villageois, ou si sa récolte a été pillée, il peut le soir même être atteint de *collera* (à ne pas confondre avec le « choléra », une maladie infectieuse). Ses symptômes sont des sueurs, de l'anorexie, une paralysie partielle. Le guérisseur ne peut rien pour lui. Seules les nombreuses visites de ses amis et voisins peuvent le guérir, ce qui arrive quand il a reçu suffisamment de marques d'estime de la part des autres membres de sa collectivité.

Mais pourquoi on se dispute ?

Comme tu changes pas mal à l'adolescence, et que tes parents te voient encore un peu comme l'enfant que tu étais, cela peut générer des conflits. Par exemple, si enfant tu leur racontais tout, mais qu'aujourd'hui, tu as des secrets (et c'est bien normal), ils peuvent l'interpréter comme un manque de confiance alors qu'évidemment, ça n'a rien à voir ! Et s'ils t'interdisent de faire certaines choses qu'ils estiment à risque alors que tes amis, eux, ont le droit de les faire, cette fois, c'est toi qui risques de leur reprocher leur manque de confiance en toi. Enfin, tes parents peuvent se disputer entre eux pour des raisons qui n'ont rien à voir (problèmes professionnels ou autres) et là encore, avec toi, ça retentit sur toute la famille. Pour limiter l'impact de ces conflits, il faut renforcer votre complicité, par exemple, en faisant l'effort de vous parler de vos journées et en partageant des activités en famille. Évidemment, tu ne peux être le seul à faire des efforts ! Si les autres membres de ta famille continuent de se crier dessus, propose-leur d'instaurer chaque jour une pause de 30 minutes (par exemple, de 19 h à 19 h 30), où les disputes seront strictement interdites sous peine de gage défini à l'avance ! Le simple fait de se forcer à ne pas crier durant un laps de temps, même court, peut les aider à prendre conscience qu'ils ne savaient plus se parler sans crier !

Comment éviter que tout vire à la dispute ?

Quand tu as quelque chose à dire à l'autre, mieux vaut utiliser le « je » plutôt que le « tu » ou le « vous ». Par exemple, il est préférable de dire « J'ai beaucoup de devoirs et j'ai du mal à travailler dans le bruit » plutôt que « Comment voulez-vous que je bosse avec le ramdam que vous faites, vous vous croyez à la foire ? ! » La première version peut inciter l'entourage à faire un effort, alors que le mot « foire », agressif, risque d'attiser la dispute !

Vrai ou faux ?

Le son et le timbre de notre voix peuvent déclencher une dispute.

C'est vrai, plus on parle fort, avec des sons aigus, plus cela traduit l'énervement et pousse l'autre à nous répondre sur le même registre.
À l'inverse, parler moins fort et adopter un timbre plus grave invite au calme. Et se parler vaut toujours mieux que de communiquer par SMS ou par mail, car les risques de mal interpréter vos propos respectifs sont alors importants.

C'est mieux d'être une fille ou un garçon ?

« J'adore le foot et j'aimerais bien y jouer avec les garçons de mon collège, mais comment faire ? J'ai peur *de me faire ridiculiser*... » Lucie, 12 ans

« Je suis fan de danse classique, mais tout le monde se moque de moi parce que je suis un garçon. J'ai des posters de danseurs dans ma chambre, j'en ai honte, mais je n'ai pas envie de les enlever. Aidez-moi ! »
Anonyme

Quelques réponses toutes prêtes...

Si on te demande s'il vaut mieux être une fille ou un garçon, tu peux répondre :

Version logique
« De toute façon, on ne peut pas choisir ! » Anonyme

Version très logique
« Les garçons disent que c'est mieux d'être un garçon parce qu'ils ne savent pas comment c'est d'être une fille ! » Anonyme

Version encore plus logique
« Dire que c'est mieux d'être un garçon si on est un garçon, c'est pratique, ça évite d'autres questions ! » Anonyme

L'ANTHROPOLOGUE VOUS DIT TOUT

Des tribus où les femmes sont les chefs, ça existe !

Dans certaines tribus indiennes de Colombie, mieux vaut être une femme ! C'est elle qui sollicite l'amour de l'homme et qui exige de lui obéissance et fidélité. Elle a le droit de le punir s'il la trompe. Elle seule peut le répudier ou divorcer. Quant à l'homme, il doit être chaste et vierge avant le mariage ; c'est également lui qui fait tous les travaux domestiques. Pratique, non ? Cela s'appelle le matriarcat. Chez nous, c'est plutôt l'inverse. Même après la Révolution, si une femme voulait porter des pantalons, elle devait aller demander l'autorisation à la préfecture de police !

Pourquoi ce serait mieux ?

À chaque sexe ses avantages et ses inconvénients ! Il existe des différences physiques entre garçons et filles, mais cela ne veut pas dire qu'un sexe soit supérieur ou inférieur à l'autre. Par exemple, les garçons ont plus de muscles. C'est un gros avantage pour porter des charges lourdes, mais aussi pour retrouver la ligne car, en raison de cette musculature plus développée, ils dépensent plus de calories s'ils se remettent au sport et leur silhouette s'affine plus vite que celle des filles. Pourtant, leur anatomie ne leur apporte pas que des points positifs : pour ce qui est de l'alopécie (perte des cheveux), ils arrivent très largement en tête ! Sur le plan visuel, les daltoniens sont presque tous des hommes (8 % d'hommes touchés pour seulement 0,45 % de femmes). Et concernant la formation de petits cailloux coincés dans les voies urinaires (calculs rénaux), réputés quasi aussi douloureux qu'un accouchement, on compte deux fois plus d'hommes que de femmes. Ils ont aussi des problèmes cardiaques dix ou vingt ans plus tôt que les femmes. Au final, ce sont les femmes qui ont la meilleure espérance de vie : 85,1 ans contre 78,2 ans pour les hommes. Alors, c'est qui le sexe faible ?!!!

Une société encore inégalitaire ?

La plupart des métiers dits d'hommes s'ouvrent aux femmes (et inversement) et les sports suivent la tendance : faire du football pour une fille est de moins en moins tabou, tout comme faire de la danse pour un garçon. Et plus il y aura de filles et de garçons pour imposer leurs choix (la danse au masculin, le foot au féminin, etc.), plus cela rentrera dans les mœurs. Ceux qui ont vraiment envie ne doivent donc plus hésiter, quitte à se présenter comme des précurseurs de ce qui sera courant dans quelques années !

Vrai ou faux ?

Les cerveaux des bébés filles et garçons sont différents.

Faux. Il n'y a pas de différence entre les cerveaux des bébés filles et des bébés garçons concernant les fonctions cognitives – mémoire, attention, raisonnement – ou sensorielles (vision, audition, etc.).
De plus, un cerveau se modifie toute la vie en fonction des apprentissages et des expériences vécues…

Comment faire partie de la bande ?

« Cet été, je vais aller en colo et j'ai peur de ne pas m'intégrer au groupe. Aidez-moi ! »
Léa, 12 ans

« J'ai changé de collège et je me suis fait de nouveaux amis : ils sont gentils avec moi, mais je me sens parfois "exclu", car je me suis incrusté cette année alors que les autres se connaissent depuis longtemps ! Je ne sais pas comment faire pour être un vrai membre de la bande. »
Augustin, 12 ans

« Je ne vois pas assez mes amis en dehors des cours. J'habite à la campagne et ils ne sont pas tous dans le même village que moi. J'aimerais bien qu'on se retrouve plus ensemble, mais je ne sais pas comment faire… et comme je suis quasiment la seule qui n'ait pas de portable, je ne peux pas les contacter. En plus, il n'y a pas de transports en commun, du coup, ce sont les parents qui doivent nous emmener et ils ne sont pas forcément disponibles, bref, c'est compliqué ! »
Yaël

Quelques réponses toutes prêtes…

Si tes parents trouvent que tu penses plus à tes amis qu'à tes devoirs, tu peux répondre :

Version studieuse
« Ce sont des collègues de travail, c'est normal de se réunir souvent ! »
Anonyme

Version bien vivre ensemble
« Ben quoi, je m'intègre ! »
Anonyme

Version juridique
« Et le droit au respect de la vie privée (article 9 du Code civil), vous en faites quoi ? »
Fanny

L'ANTHROPOLOGUE VOUS DIT TOUT

T'es pas de mon clan !

Chez les Indiens d'Amérique du Nord, ceux qui se sentent frères pensent qu'ils descendent d'un ancêtre commun qui est souvent un animal. Ils l'appellent leur totem, « notre parent » dans leur langue. On peut faire partie du clan de la grue, de la taupe, de l'écrevisse, etc. La différence entre les clans peut être subtile. Chez les Indiens obamas, il y a le « clan de la tortue tachetée aux yeux rouges » et le « clan de la tortue qui ne s'enfuit pas ». Tous ceux de ce clan se font une coupe au bol pour que leur tête ressemble à une carapace !

L'AVIS DU DOC

Pourquoi est-ce si important de faire partie d'un groupe ?

L'être humain est un « animal social » et à ce titre, il a besoin de relations avec les autres pour s'épanouir. Pour un jeune enfant, la cellule familiale suffit. Mais à ton âge, ce n'est plus le cas !
Tu as besoin de découvrir de nouveaux horizons… Pour cela, tu peux rejoindre un groupe d'ados (une bande) de ton collège pratiquant la même activité que toi et/ou avec lesquels tu vas partager une aventure, comme un voyage. Tu peux faire partie d'un ou plusieurs groupes et t'investir différemment dans chacun d'eux. Un groupe étant un peu comme une deuxième famille, tout le monde a envie d'en avoir au moins un. Mais si tu ne trouves pas ta place parmi ceux qui existent, rien ne t'empêche d'en créer un toi-même : il suffit d'un ou deux bons copains et d'un thème commun pour le lancer. Si ton groupe est dynamique, d'autres le rejoindront vite. Enfin, si tu habites loin de tout comme Yaël, peut-être y a-t-il des possibilités de covoiturage (une voisine qui part faire ses courses en ville peut t'emmener et te ramener). Et si rien n'existe, tu peux lancer l'idée de la mise en place d'un transport (bus, covoiturage…) avec l'aide de ton maire : dans les villages, il est souvent à l'écoute des jeunes.

Comment entrer dans un groupe existant ?

Si tu connais déjà quelqu'un appartenant à ce groupe, c'est plus facile car il peut te présenter aux autres. Mais si tu ne connais personne, prends sur toi pour discuter avec les membres du groupe qui t'intéresse, essaie de te rendre utile et ton intégration se fera naturellement. Même s'ils se connaissent depuis longtemps, vous vivrez ensemble d'autres moments forts qui vous aideront à renforcer votre complicité.

Vrai ou faux ?

Il existe des groupes nocifs.

C'est vrai, les groupes qui cherchent à te couper de ta famille ou de tes autres amis, que ce soit sous couvert de pseudo-religion (cas des sectes) ou pour te pousser à commettre des actes répréhensibles par la loi (associations de malfaiteurs, de terroristes, etc.) sont des groupes qu'il vaut mieux ne jamais rejoindre.

Comment vite me débarrasser de la chérie de mon père ?!

« Ça fait cinq ans que mes parents ont divorcé et **mon père a une nouvelle amoureuse** qui à chaque fois me **"prend la tête"**. Comment faire pour que ça s'arrête ? »
AXELLE, 12 ANS

« **J'ai une belle-mère insupportable** qui me dit les choses comme si j'avais 3 ans, mon père prend tout le temps sa défense et je n'ose pas lui dire ce que je pense d'elle… Comment m'y prendre ? » ANONYME

« **Ma belle-mère se croit le centre du monde** et mon père prend tout le temps sa défense. C'est pire depuis qu'ils attendent un bébé ! Mon père est toujours à ses côtés et **j'ai l'impression qu'il m'oublie… Je ne la supporte plus, mais je n'ose pas parler de tout ça avec mon père… Help !** » CAROLINE

Quelques réponses toutes prêtes…

Que répondre à une belle-mère (ou un beau-père) acariâtre ?

Version distante

« On se connaît ? »
FANNY

Version rusée

« Ma maman (mon papa) me raconte une histoire tous les soirs, me fait mon plat préféré tous les dimanches, assiste à tous mes matchs, me donne 10 € par semaine… Tu veux toujours la (le) remplacer ?! »
ANONYME

L'ANTHROPOLOGUE VOUS DIT TOUT

L'huile magique

Au Népal, lors du mariage, certains rites ont pour but de faire en sorte que tout se passe bien entre les parents et les mariés. Pour s'assurer la coopération future de sa belle-fille, la belle-mère prend dans sa main sa natte de cheveux puis celle de sa belle-fille et les baigne ensemble dans l'huile. Mais comme on sait bien qu'il y a toujours une rivalité potentielle, la belle-mère s'arrange pour que quelques gouttes d'huile tombent sur son pied. Alors, elle les essuie du doigt et en enduit les lèvres de sa belle-fille, afin qu'elle ne dise pas du mal d'elle !

Les conflits avec le beau-parent, c'est fréquent ?

Selon la dernière enquête de l'INSEE (Institut national de la statistique et des études économiques), 10 % des moins de 18 ans vivent dans une famille recomposée. Le risque de conflit est plus élevé au début (chacun doit trouver sa nouvelle place) et il l'est d'autant plus quand les deux parents biologiques se font la guerre. Si ta mère et ton père se disputent, tu peux avoir l'impression qu'en t'entendant bien avec le nouvel ami de ta mère (ou la nouvelle amie de ton père), tu trahis ton vrai parent. Ce dernier peut aussi faire pression sur toi pour que ça se passe mal, parce qu'il vit très mal la séparation. Ce n'est cependant pas à toi de régler ces problèmes d'adultes – quitte à leur dire clairement – et même si tes parents resteront toujours tes parents, tu as le droit d'ouvrir ton cœur à ton beau-parent. C'est même souhaitable dans la mesure où vous partagez le même toit.

Comment trouver ta place ?

Toute nouvelle situation demande une phase d'adaptation. Pour y arriver, commence par voir s'il n'y a pas un peu de positif dans ce changement. Tu n'apprécies pas ton nouveau beau-parent ? Mais peut-être a-t-il un fils sympa qui devient, de fait, ton demi-frère et pourquoi pas un futur meilleur ami ? Et si tu as affaire à un beau-parent trop désagréable comme pour Axelle ou Caroline, tu dois en parler ouvertement à ton parent en lui disant que tu te sens vraiment très mal. S'il te dit que tu n'as qu'à te débrouiller, rappelle-lui qu'en tant qu'adulte, il n'a pas à se défiler. C'est de son devoir de tout faire pour que cela se passe au mieux entre vous tous. Les efforts doivent être partagés !

Vrai ou faux ?
Les marâtres ont le plus mauvais rôle.

Vrai ! Les contes d'enfants regorgent d'histoires de marâtres : Cendrillon, Blanche-Neige et le Petit Poucet en sont quelques victimes ! Dans l'inconscient collectif, cela permet de préserver une image positive d'une mère douce et gentille en passant sa colère sur l'étrangère.

J'ai un frère ou une sœur à vendre, t'en veux ?!

« Ma sœur de 7 ans pique des crises d'hystérie pour rien ! Je ne la reconnais plus, comment la faire taire ? » **MATHILDE, 11 ANS**

« Je ne supporte plus mon frère, car il me taquine à propos de mon petit ami. J'ai beau lui dire d'arrêter, il continue, quoi faire ? » **LÉA, 13 ANS**

« Mon frère sort avec une fille que je ne peux pas "saquer" : elle me fait des réflexions quand mon frère n'est pas là et elle joue à la grande sœur modèle quand il est là. Comment les séparer ? »
NATACHA, 12 ANS

Quelques réponses toutes prêtes…

Que répondre à un frère ou une sœur qui a pris la grosse tête ?

Version déclaration de guerre
« Tu sais, ton jean à 100 €… Je crois qu'il est passé à la déchetterie ! » LUCIE

Version blasée
« T'en fais bien du bruit pour rien ! » OCÉANE ET ZOÉ

Version médicale
« T'as la grosse tête et les chevilles qui enflent, fais attention, tu vas finir à l'hosto ! » ANONYME

Version peste
« D'habitude, quand je crie, les parents te punissent… Tu veux que j'essaie pour voir si ça marche encore ? » ANONYME

L'ANTHROPOLOGUE VOUS DIT TOUT

La compétition entre frères ne date pas d'hier !

En Sibérie, il existe un mythe sur la création du monde. À l'origine, il n'y avait que de l'eau et deux frères. L'aîné crée la terre avec l'aide d'un oiseau qui lui rapporte un peu de vase du fond de l'eau. Il la fait grossir, monte dessus et, très fatigué, il s'endort. Le cadet en profite pour essayer de retirer la terre sous le corps de son frère, mais il n'y arrive pas. Il se met alors à façonner des hommes en argile et leur donne une âme. L'aîné se réveille. Jaloux, il souffle et crache sur les hommes pour leur apporter la maladie et la mort. Chacun essaie tout le temps de gâcher ce que fait l'autre, mais leurs actions se complètent pour finir par former l'univers !

Pourquoi les rapports entre frères et sœurs sont si compliqués ?

Les seuls à penser que quand on est frères et sœurs, c'est forcément merveilleux, ce sont les enfants uniques ! Dans la vraie vie, près d'un adulte sur deux est en conflit avec son frère ou sa sœur. Pourquoi ? En fait, ce n'est pas parce que l'on partage une histoire familiale avec ses frères et sœurs que l'on est obligé de tout le temps bien s'entendre. On peut avoir des rapports différents selon la personne et ces rapports peuvent varier entre vrais moments de complicité et moments de rivalité ou de jalousie. La question de savoir si les parents aiment autant leurs enfants ou s'ils font des différences en fonction du rang (aîné, milieu, cadet), du sexe, du caractère, etc. est souvent au cœur de ces rivalités, au moins de façon inconsciente. Pourtant, quand on leur pose la question, les parents sont persuadés d'élever leurs enfants de la même façon.

Apprendre à gérer ces conflits, c'est utile !

Tant que chacun arrive à exprimer ce qu'il ressent et que le dialogue est maintenu, ces conflits ne sont pas bien graves et te préparent même à savoir comment gérer des différends à l'âge adulte. La règle d'or, c'est d'exprimer pourquoi ce qu'a dit ou fait ton frère ou ta sœur te fait de la peine, ce dont ils n'ont pas forcément conscience. Il faut aussi être capable d'écouter ce qu'ils ont à te dire. Il est alors plus facile de trouver un terrain d'entente. Et si ça devient trop tendu, il ne faut pas hésiter à demander de l'aide à un tiers qui n'est pas partie prenante dans le conflit.

Vrai ou faux ?

Il n'y a pas que chez les humains que les relations sont tendues.

Vrai ! Dans la nature, frères et sœurs peuvent se manger entre eux ! C'est le cas des fœtus de requins-taureaux qui dévorent les plus faibles dans l'utérus de leur mère. Chez l'aigle royal, le premier poussin peut manger le poussin né quelques jours après lui. Quant aux mantes religieuses, elles croquent volontiers un frère ou une sœur en guise de premier repas !

Comment « survivre » face à un hypocrite ?

« Ces derniers temps, une de mes amies se montre plutôt méchante et hypocrite envers moi. Elle m'empêche de m'asseoir, de discuter avec certains de mes amis et plusieurs autres choses. Elle feint d'être gentille pour que mes amis ne se rendent compte de rien tandis qu'elle m'isole d'eux. Quoi faire ? J'ai pratiquement tout essayé et je ne sais pas comment faire pour que mes copains se rendent compte qu'elle me blesse vraiment. »

LAURENCE

Quelques réponses toutes prêtes…

Si un hypocrite te cherche des ennuis, tu peux toujours répondre :

Version futée

« Je ne te dis plus rien, comme ça, tu ne peux pas le prendre mal et me le reprocher ! »

MAËLLA

Version on n'a plus rien à se dire

« … » (silence)

SAMY ET ALAN

Version défense

« Je ne te parlerai qu'en présence de mon avocat ! »

FANNY

L'ANTHROPOLOGUE VOUS DIT TOUT

Espèce de *titoloxochton* !

Chez les Aztèques, l'hypocrisie était un défaut très grave ! Il y avait une sorte de code de bonne conduite qui s'appelait : « Précepte des vieillards ». Entre autres, il était recommandé d'être humble, sage, prudent, pacifique et calme. Un père demandait à son enfant de toujours dire la vérité : « Il faut que ce soit la vérité de ton cœur, devant notre Dieu. Que ton humilité ne soit pas feinte, car alors on t'appellerait *titoloxochton* (hypocrite) ou *titlanixiquipile* (homme qui feint). » Et dans la société aztèque, les hommes qui n'étaient pas conformes à cet idéal n'accédaient jamais à de hautes fonctions.

L'AVIS DU DOC

C'est quoi l'hypocrisie ?

L'hypocrisie est un manque de loyauté. Une personne est donc hypocrite si elle ne pense pas ce qu'elle dit. Si en plus, elle le fait dans le but de t'affaiblir (en t'isolant) pour mieux t'avoir sous son emprise, comme ce que décrit Laurence, c'est probablement de la manipulation. Pour démasquer un manipulateur, il faut se demander si en plus de changer ses opinions en fonction des gens autour de lui, il n'a pas son pareil pour faire culpabiliser les autres, mettre en doute leur personnalité ou leurs compétences, créer la zizanie dans un groupe pour mieux régner, se faire passer pour une victime, utiliser la flatterie pour mettre en confiance, etc., bref, obtenir ce qu'il veut des autres quitte à les pousser à faire des choses qu'ils n'auraient jamais faites autrement. Si c'est le cas, pas de doute, tu as affaire à un hypocrite manipulateur et il faut savoir que c'est une personnalité dangereuse, qui peut te faire beaucoup de mal. Des adultes aussi peuvent se faire avoir par des manipulateurs : les personnes naturellement gentilles en sont les premières victimes !

Comment sortir des griffes d'un hypocrite manipulateur ?

Le mieux serait de ne pas le fréquenter du tout, donc si tu en reconnais un, fuis-le ! Apprends aussi à lui dire NON sans chercher à te justifier car, de toute façon, il n'y a pas de communication possible avec un manipulateur. Fais ce que tu as à faire sans t'occuper de lui et ne lui dis pas d'avance ce que tu vas faire. Agis comme s'il était invisible ! Ne lui fais aucune confidence et ne tombe pas dans le panneau de te mettre en colère contre lui (il pourrait jouer les victimes !). Reste indifférent, ignore-le, il finira par se lasser et se chercher une autre victime...

Pourquoi les intellos n'ont pas la cote ?

« À l'école, je fais partie d'une bande d'amis, mais ils me voient un peu comme l'intello du groupe, celle qui aide à faire les devoirs, qui donne les réponses… Comment faire pour remonter un peu dans leur estime ? »
Anonyme, 11 ans

« Comment être populaire sans s'habiller à la mode, avoir de mauvaises notes, sortir avec un garçon ? Car moi, je suis intello et dès que j'ouvre la bouche, tout le monde se moque de moi ! Je suis également maigre et nulle en sport. En clair, je n'ai aucun atout. Méga help ! » **Marjorie, 11 ans**

Quelques réponses toutes prêtes…

Si on te traite d'intello, tu peux toujours répondre :

Version intello
« Intelligente, mince, souriante… Oui, je sais, je cumule ! » Charlotte

Version moqueuse
« On en reparlera quand j'aurai un super bon boulot plus tard et que je serai ton patron ! » Anonyme

Version remerciement
« C'est trop gentil de me faire un compliment ! » Anonyme

L'ANTHROPOLOGUE VOUS DIT TOUT

Thot je-sais-tout

Dans l'Égypte antique, il y a Thot le dieu du Savoir. Représenté comme un homme à tête d'ibis ou comme un babouin, il connaît tout ! Il est maître des lettres et des sciences et archiviste des dieux. Lui aussi est mal considéré par les autres divinités, qui le trouvent pédant et ennuyeux parce qu'il aime les longues phrases compliquées. On le redoute aussi parce qu'il connaît des formules magiques indéchiffrables, mais il s'en fiche parce que son pouvoir est illimité !

L'AVIS DU DOC

Pourquoi c'est si mal vu d'être intello ?

Mal vu par qui ? Par ceux qui colportent ce type de clichés dépourvu de tout fondement ? Être intello n'empêche pas d'être sympa et beau gosse ! La preuve, Pietro Boselli, un doctorat d'ingénierie en poche et professeur de mathématiques à Londres, est aussi mannequin pour Giorgio Armani, le créateur de mode italien.

Il est surnommé « le prof de maths le plus sexy du monde » ! À rappeler d'urgence à ceux qui te traitent d'intello ! L'important, c'est donc de ne pas se laisser enfermer dans ce genre de clichés. Pietro Boselli a bien fait de tenter un jour sa chance dans le mannequinat ! Mais Marjorie n'a pas encore réussi à s'affirmer : elle est convaincue qu'on se moque d'elle parce qu'elle est l'intello du groupe et comme les autres ont tendance à la voir comme elle se voit elle (c'est-à-dire nulle), elle pense qu'elle n'a aucun atout. En ne se mettant pas en valeur, elle renvoie une image terne aux autres...

Comment changer d'image ?

Tu dois commencer par travailler sur cette image négative que tu as de toi pour que les autres changent leur regard. Pour cela, liste en toute honnêteté ce que tu as de positif (fais-toi aider par un meilleur ami pour y arriver). Ta gentillesse ? Ta ténacité ? Ton sourire ? Ta minceur ? Si comme Marjorie tu veux changer ton image, sers-toi de ces points positifs et mets-les en avant. Tu dois aussi travailler ton estime de toi : il n'y a aucune honte à être « intello », au contraire ! Pour faire grimper en flèche cette estime de soi et pour te sentir de plus en plus à l'aise avec les autres, lance-toi des petits défis en allant du plus facile au plus compliqué : par exemple, change de coupe de cheveux, de vêtements, va davantage vers les autres, apprends à rire de toi... Tu verras, ça marche !

Pourquoi mes parents m'interdisent-ils tout ?

« **Mes parents ne veulent pas que j'aille dormir chez mes amies. Lorsque je leur demande, ils refusent catégoriquement sans me donner de raison. Comment les convaincre de changer d'avis ?** »

Marie, 14 ans

« Je n'ai jamais pu sortir de chez moi seule pour voir mes amis. **Mes parents ne veulent pas que je sorte, même en bas de chez moi.** Pourtant j'ai des notes assez bonnes et mon quartier est très bien fréquenté. J'ai essayé de leur faire comprendre que je voulais sortir de chez moi de temps en temps en respectant leurs règles. Mais ça n'a servi à rien. **J'ai l'impression d'être prisonnière !** »

Alexandra, 15 ans

Quelques réponses toutes prêtes...

Si tes parents t'interdisent tout ce que tu leur demandes, tu peux toujours répondre :

Version ironique

« Puisque vous dites non à tout, je ne vous demande pas si je peux faire la vaisselle, ce serait encore non ! » Mathilde

Version droits de l'homme

« Encore un interdit ? C'est la dictature, ici ! » Anonyme

Version interdite

« Puisque tout est interdit, je suppose que c'est interdit de rester à la maison cet aprèm... OK c'est bon, je file chez un copain ! » Anonyme

L'ANTHROPOLOGUE VOUS DIT TOUT

La déesse de la Persuasion

Dans la mythologie grecque, la déesse de la Persuasion s'appelait Peitho. C'était l'une des 3 000 filles d'Océan et Téthys. On disait qu'elle imprimait aux paroles une « magique douceur » et qu'elle transformait les furies en déesses bienveillantes. Elle s'asseyait aussi sur les lèvres des hommes d'État comme Périclès, et ainsi, celui-ci charmait tout le monde avec son discours.

L'AVIS DU DOC

Pourquoi tes parents te posent-ils autant d'interdits ?

Peut-être te considèrent-ils encore comme « trop jeune » pour te donner plus de liberté ? Et puis, les actualités porteuses, vingt-quatre heures sur vingt-quatre, de faits divers sordides peuvent donner l'impression qu'il se passe des drames en continu (c'est ce qu'on appelle « l'effet loupe »), ce qui ne peut que renforcer les inquiétudes des plus anxieux d'entre eux. Enfin, si tes parents ont tendance à voir le mal partout, de ton côté, ton cerveau immature t'empêche de voir les vrais dangers. Or, ce grand écart entre vos deux perceptions finit par créer des tensions.

Comment les convaincre de te laisser faire ?

Tu ne pourras jamais obtenir d'eux qu'ils te laissent faire tout ce dont tu as envie et c'est tant mieux, car les parents sont aussi là pour te guider et te protéger. Il va donc falloir trouver le juste milieu ! Cela consiste à leur demander de lever progressivement certains interdits, en partant de ce qui est le plus acceptable pour eux : ils ne veulent pas que tu sortes le soir, mais l'accepteraient-ils l'après-midi ? Et si c'est encore non comme pour Alexandra, seront-ils d'accord pour que ce soit une copine qui vienne à la maison ? Quand ils auront appris à la connaître, peut-être seront-ils davantage en confiance. La liste des interdits varie d'une famille à l'autre, tout comme la liste de ce qui peut être négocié. Certains parents arrivent plus facilement à faire des concessions si c'est pour une activité qui est importante à leurs yeux, alors que d'autres lâcheront du lest s'ils savent que d'autres adultes seront présents. À toi de trouver des éléments capables de les rassurer.

Vrai ou faux

Il n'y a pas de vol entre parents et enfants !

La vie est faite d'interdits, à commencer par les lois qui régissent la société. En France, l'une d'elles (article 311-12 du Code pénal) stipule que des parents ne peuvent porter plainte contre leur enfant s'il se sert dans leur porte-monnaie et qu'inversement, l'enfant ne peut se plaindre au juge si ses parents se servent dans sa tirelire, à condition que cela reste dans la limite de ce qui est indispensable à la vie quotidienne.

La jalousie est-elle un vilain défaut ?

Quelques réponses toutes prêtes...

Si on te trouve trop jaloux, tu peux toujours répondre :

Version humaine
« J'éprouve des sentiments, moi au moins !!! » Anonyme

Version tac au tac
« Toi-même ! » Anonyme

Version franche
« Je suis jaloux et j'en suis fier ! T'es jaloux ? » Océane

Version moqueuse
« Je ne suis pas jalouse… Pour ça, il faudrait un motif valable ! » Lucie

« Je suis jalouse de ma meilleure amie, car le garçon dont je suis amoureuse est plutôt attiré par elle. Ça provoque beaucoup de disputes entre nous et ça me rend très triste, quoi faire ? »
Mélanie, 11 ans

« Ma petite sœur a sauté la classe de CM1. J'étais très fière d'elle, mais depuis, mes parents l'appellent "le génie" et elle a pris la grosse tête. Je ne me suis jamais sentie aussi dévalorisée, ça me fait pleurer, que faire ? »
Solène, 15 ans

Pourquoi ça m'arrive ?

Être jaloux ou envieux, deux sentiments très proches, cela arrive à tout le monde sans exception et ce, dès l'enfance : par exemple, le premier enfant est jaloux à l'arrivée d'un petit frère qui accapare l'attention de ses parents. Un enfant peut être envieux du jouet qu'un autre possède et agite sous son nez. Si tu as une petite amie, tu peux être jaloux des autres garçons qui lui parlent. Et cela continue à l'âge adulte, que ce soit en privé ou sur le plan professionnel. En effet, être jaloux, c'est avoir peur de perdre ce que l'on possède. Être envieux, c'est souffrir de voir quelqu'un d'autre posséder ce que l'on aurait aimé avoir. Un gros gagnant du loto fait ainsi des millions d'envieux au moment de l'annonce de la bonne nouvelle ! Pour autant, ces millions d'envieux s'en remettent très vite et rebondissent en se disant qu'après tout, eux aussi ont de la chance dans un autre domaine (amour, amitié, famille, cadre de vie, travail, etc.). Si toi aussi tu éprouves un jour ces sentiments – la jalousie ou l'envie – demande-toi vite ce qu'il y a de positif dans ta vie. Quand tu auras dressé la liste, il y a fort à parier que ces deux sentiments négatifs auront disparu. Et si, malgré tout, tu trouves que tes parents font trop de différences entre toi et ton frère ou ta sœur, dis-leur ce que tu ressens et donne quelques exemples concrets. S'ils ne s'en rendaient pas compte, cela pourrait les aider à en prendre conscience. Être parents, ça s'apprend !

Une jalousie pathologique, ça existe ?

Être un peu jalouse quand ton petit ami parle à d'autres filles reste dans la normalité, surtout si tu te consoles en te disant que c'est toi qu'il a choisie et donc, que c'est la preuve qu'il te trouve des qualités. En revanche, lui faire des scènes terribles à chaque fois qu'il a trois minutes de retard, le suivre partout, le harceler de questions sur ce qu'il a fait en ton absence, etc., c'est excessif, pathologique et cela dénote surtout un très grand manque de confiance en toi. À corriger au plus vite, au besoin en te faisant aider par un médecin !

Vrai ou faux ?
L'être humain a le monopole de la jalousie.

Faux ! Pour en avoir le cœur net, des scientifiques ont appris à deux singes à donner un caillou présent dans leur cage en échange d'une récompense. Puis ils se sont arrangés pour que les deux singes se voient. Le premier recevait un bout de concombre et le second, un bout de raisin. Dès que le premier singe s'est aperçu que l'autre recevait du raisin, son comportement a changé : il a jeté le caillou et le concombre à terre et est entré dans une rage folle.

Je suis entouré de gens qui mentent, c'est normal ?!

« Ma meilleure amie me ment tout le temps. Je ne sais pas quoi faire pour lui dire d'arrêter ! »

Lucie

« J'ai un problème avec un ami : **il me fait croire qu'il a une petite amie, mais je me suis rendu compte qu'elle n'existait pas.** Par exemple, sa date de naissance change régulièrement et il est même allé jusqu'à créer un faux compte Facebook à son nom ! **Comme il frime, je lui fais croire que je sors avec une fille. Je n'aime pas mentir.** **Help !** »

Anonyme

Quelques réponses toutes prêtes...

Si tes parents te prennent en flagrant délit de mensonge, tu peux toujours répondre :

Version rusée

« Je m'entraîne, je veux faire de la politique plus tard ! »
Anonyme

Version très rusée

« Je voulais juste vérifier si mon mensonge tenait la route avant de le sortir au prof. Apparemment, faut que je trouve autre chose ! »
Mathilde

L'ANTHROPOLOGUE VOUS DIT TOUT

Les nobles mensonges

Les traités de savoir-vivre étaient fréquents au début du XXe siècle. On y disait que certains mensonges sont non seulement autorisés, mais recommandés : faire des compliments à quelqu'un qui se sent moche, défendre ses amis en niant ce qui leur est reproché ou en leur cherchant une excuse, etc. De tels mensonges sont qualifiés de bienfaisants. Ce sont les mensonges que l'humanité, la galanterie, l'amitié ou la politesse rendent nécessaires.

L'AVIS DU DOC

Pourquoi le mensonge est-il aussi répandu ?

On entend souvent dire que « les promesses des politiques n'engagent que ceux qui les écoutent ». Cela signifie que pour se faire élire, ils promettent beaucoup tout en sachant qu'ils ne pourront jamais honorer la plupart de leurs promesses électorales ! Le bénéfice de ces mensonges est immédiat (ils se font élire), mais au final, le remède est pire que le mal : en effet, les électeurs sont extrêmement déçus et finissent par ne plus avoir envie de voter du tout ! C'est un peu pareil quand tu mens : dans l'immédiat, tu évites souvent une remontrance de tes parents – parce que tu n'as pas annoncé avoir cassé un objet auquel ils tiennent ou une mauvaise note –, mais lorsqu'ils apprennent la vérité, même si c'est beaucoup plus tard, ils sont doublement déçus ! Déçus par le résultat, mais aussi déçus que tu n'aies pas assumé ton acte. Conséquence : leur niveau de confiance en toi baisse en flèche !

Tous les mensonges se valent-ils ?

Si tu disais en permanence le fond de ta pensée, tes proches seraient blessés parce que tu n'aimes pas leur nouvelle coupe de cheveux ou leur petit ami, par exemple. Pour éviter cela, tu t'abstiens et ce petit mensonge par omission entretient la paix entre vous. Ce n'est pas pareil que d'inventer quelque chose qui n'existe pas comme le fait la copine de Lucie, pour se rendre plus intéressante. Si toi aussi, tu as recours à ce type de mensonge, cela traduit surtout un manque de confiance en toi : tu as tellement peur que ta vie ne soit pas intéressante que tu en rajoutes pour attirer l'attention. Le problème, c'est qu'à moins d'avoir une excellente mémoire, tu finis par te contredire et ne plus être crédible du tout !
En psychiatrie, une personne qui ne peut s'empêcher de s'inventer une autre vie est un mythomane.

Des parents, ça se dresse ?!

« Je trouve mes parents trop laxistes et j'ai du mal à me fixer mes propres règles. Aidez-moi ! »
GUILLAUME

« **Mes parents veulent tout le temps que je range ma chambre**, mais je n'en vois pas l'utilité, vu que si elle est rangée aujourd'hui, elle ne le sera plus le lendemain !!! »
CLARA, 11 ANS

Quelques réponses toutes prêtes…

Si tes parents ne veulent pas répondre positivement à ta demande, tu peux toujours répondre :

Version humoristique

« Mais qu'est-ce que j'ai fait au Bon Dieu ! »
ANONYME

Version amère

« Ça fait tellement longtemps que vous avez été jeunes que vous ne vous en souvenez même pas ! »
ANONYME

Version chansonnette

« Fais pas ci, fais pas ça… Pffff, je l'ai déjà entendue quelque part celle-là ! Vous pourriez changer de refrain ! »
MATHILDE

L'ANTHROPOLOGUE VOUS DIT TOUT

Fais gaffe à Pachamama !

Pour les Indiens d'Amérique, le père et la mère sont le Grand Esprit et la Terre. C'est à eux qu'ils obéissent avant tout. Ils ne leur demandent pas de ranger leur chambre, mais ils exigent d'eux beaucoup de précautions à chaque fois qu'ils doivent chasser ou manger. Chez les Andins, la déesse mère s'appelle Pachamama et est très peu maternelle. Elle se fait beaucoup prier pour donner de bonnes récoltes et adore punir ses enfants. Pour l'amadouer, il faut lui faire de belles offrandes.

Pourquoi les tensions avec tes parents sont-elles fréquentes ?

Tes parents veulent te protéger, et comme personne ne leur a appris à être parents, ils peuvent en faire trop ou pas assez. C'est d'autant plus difficile pour eux qu'il y a eu beaucoup de changements en une génération et qu'ils n'ont plus vraiment de modèles auxquels se référer. La famille classique avec le père et la mère biologiques qui élèvent leurs enfants a évolué : d'autres modèles familiaux existent (famille recomposée, monoparentale, avec deux parents du même sexe).
Et des dangers qu'ils n'ont pas ou peu connus – comme les réseaux sociaux, la cybercriminalité, le terrorisme – sont apparus. Alors qu'ils hésitent pour savoir quelle attitude adopter, toi, en tant qu'ado, tu as toujours autant de revendications : voir davantage tes amis, sortir, voyager, vivre tes propres expériences... Alors forcément, il y a des moments où vous avez l'impression de ne plus parler le même langage ! C'est encore pire si vos priorités sont très différentes : pour eux, bien travailler au collège, ranger ta chambre, avoir une bonne hygiène de vie et pour toi, sortir, monter un groupe de musique et/ou t'acheter tout un tas de trucs que tu estimes indispensables...

Comment être à nouveau sur la même longueur d'onde ?

Même si tu ne peux pas « dresser » tes parents, tu peux obtenir qu'ils t'écoutent davantage, à condition de faire des concessions sur ce qui est essentiel à leurs yeux. Ils seront alors plus ouverts pour en faire de leur côté. La diplomatie, ça paie plus que les claquements de porte et les hurlements !

Vrai ou faux ?

Il existe une école des parents.

C'est exact, mais il ne s'agit pas d'une école à proprement parler. C'est une association qui propose d'échanger entre parents, de partager ses expériences, mais aussi d'aider les familles en difficulté à sortir de l'impasse : www.ecoledesparents.org.

Être raciste et avoir des copains étrangers, c'est possible ?

« Mon amie est africaine, mais tout le monde lui dit qu'elle est raciste ! Comment dire aux autres que ce n'est pas possible? Je voudrais qu'ils arrêtent... »
ANONYME

« On peut avoir des amis de couleur et être raciste envers d'autres populations comme les Roms, par exemple ? » CLÉMENT

Quelques réponses toutes prêtes...

Si ton ami est victime de propos racistes, tu peux toujours répondre :

Version tac au tac

« Nous sommes tous des êtres humains avec un cœur et une sensibilité... Pas toi ? » CHLOÉ

Version militante

« Touche pas à mon pote ! »
ANONYME

Version agressive

« Arrête, parce que je sens que je deviens raciste anti-toi ! »
MATHILDE

L'ANTHROPOLOGUE VOUS DIT TOUT

Tous Homo sapiens !

Lors de la colonisation des Indiens d'Amérique du Sud, les Espagnols rencontrant pour la première fois des Indiens nus se sont demandé s'ils avaient une âme. De leur côté, les Indiens, découvrant les Espagnols, se sont demandé si c'étaient des dieux. Chacun a cherché à vérifier son préjugé : pour ce faire, les Indiens ont immergé les Espagnols dans l'eau très longtemps pour voir si leur cadavre pourrissait, tandis que les Espagnols, eux, faisaient des commissions d'enquête pour déterminer si les Indiens étaient des humains.

C'est quoi être raciste ?

C'est le fait de penser que des personnes d'une autre culture ou origine sont inférieures. Cela va bien au-delà de la simple couleur de peau : ainsi, en Afrique, des massacres entre ethnies sont régulièrement perpétrés.
Ce n'est donc pas parce qu'une personne est africaine qu'elle ne peut pas être raciste. Elle peut l'être envers d'autres Africains d'origine différente ou envers des personnes à peau blanche, métissées, etc. L'inverse, le racisme anti-noir, existe aussi. Et ce n'est pas tout : une personne peut être hostile à une religion (bien qu'il s'agisse d'un abus de langage, le « racisme anti-religieux » existe). Et le racisme anti-femme (ou plus exactement « sexisme ») est fréquent, tout comme le « racisme anti-jeune ».
Ce sentiment de supériorité par rapport à l'autre traduit le plus souvent une méfiance et/ou une peur de l'autre, qui peuvent avoir été transmises par des proches. Pour justifier cette hostilité, il est plus facile de se dire que c'est l'autre qui est en tort plutôt que s'interroger sur ses propres préjugés. Et si en plus existe une mauvaise expérience avec l'autre dont on se méfie, cela ne fait que renforcer le sentiment d'avoir raison d'être raciste.

Quel est le risque ?

À ne côtoyer que des personnes qui te ressemblent, tu risques de passer à côté de belles rencontres et d'histoires avec des personnes différentes de toi et te priver de voyages et d'expériences enrichissantes... Toutefois, choisir de ne pas fréquenter des personnes ne regarde pas la justice alors que les agresser verbalement ou physiquement, juste parce que tu les juges inférieures, oui !

Vrai ou faux ?

En Suède, il a fallu rebaptiser des oiseaux aux noms jugés racistes !

C'est vrai, la Société Ornithologique de Suède a dû revoir sa copie, car certains noms d'oiseaux comportaient des termes comme « nègre » ou « kafir » (autrefois utilisés par les marchands d'esclaves).

Comment dire à un « sans-gêne » qu'il nous gêne ?!

« J'ai un problème avec une copine. **Elle n'arrête pas de s'inviter chez moi** et de mettre le bazar dans ma chambre, de fouiller dans mes tiroirs… **Comment faire pour qu'elle arrête ?** »
Liliana

« Une fille qui était toute seule s'est rapprochée de moi car je suis gentille avec elle et je l'ai aidée à s'intégrer avec les autres élèves. Mais depuis, **elle me suit partout** où je vais, or, je n'ai pas envie de passer mes journées entières à ses côtés. Elle est spéciale et beaucoup trop pot de colle ! **J'aimerais lui dire que parfois elle me gêne**, mais je ne veux pas la blesser. »
Priscille

Quelques réponses toutes prêtes…

Si tu as affaire à un « sans-gêne » et que tu as besoin d'air, tu peux toujours répondre :

Version citation
« Qui ne se gêne pas, gêne autrui ! » Anonyme

Version diplomate
« À demain ! » Fanny

Version moins diplomate
« À un de ces jours ! » Fanny

Version pas du tout diplomate
« À jamais ! » ou « Kenavo* » Fanny (*signifie « au revoir » en breton pour les amis… mais « adieu » pour les autres !)

L'ANTHROPOLOGUE VOUS DIT TOUT

Un sans-gêne pour faire la fête !

Sais-tu que le « sans-gêne » est un petit sifflet qui se déroule et qu'on voit beaucoup dans les carnavals ? On l'appelle aussi « *langue de belle-mère* » !

C'est quoi un « sans-gêne » ?

On peut dire de quelqu'un qu'il est « sans gêne » quand il devient envahissant et/ou s'impose alors qu'il n'est pas invité et/ou manque d'éducation. Fouiller dans les tiroirs des autres ne se fait pas ! Si tu as affaire à ce type de personne, il est possible que, comme Liliana, tu ne saches pas comment réagir. En effet, comme tes parents t'ont appris à ne pas te comporter ainsi depuis ton plus jeune âge, tu es sidéré de voir quelqu'un qui outrepasse tous les codes de bonne conduite. Et comme on t'a aussi appris à ne pas mettre les gens à la porte, tu te retrouves en conflit par rapport à ton éducation : soit tu ne dis rien parce que ça ne se fait pas et tu continues de subir ce sans-gêne, soit tu passes outre à ce que tu as toujours appris et tu lui dis ses quatre vérités. Un choix difficile, mais qu'il va bien falloir faire si tu ne veux pas que ce sans-gêne continue à repousser chaque jour les limites de ce que tu estimes acceptable !

Comment en finir avec ce type de comportement ?

Le sans-gêne ne se rend pas forcément compte qu'il te gêne. Tu dois donc commencer par le lui dire le plus simplement du monde. Par exemple, Liliana pourrait dire à sa copine : « Je n'aime pas du tout que l'on fouille dans mes tiroirs et que l'on mette le bazar dans ma chambre. Je te demande donc d'arrêter. » Et si cela ne suffit pas : « Puisque tu continues, je te demande de partir maintenant. » Inutile de donner des explications ou de chercher à te justifier. Chaque personne a ses limites et ce n'est pas négociable.

C'est un peu différent s'il s'agit d'un « pot de colle » qui te suit partout faute d'avoir d'autres amis à qui parler. Dans ce cas, tu peux l'encourager à discuter avec d'autres et lui dire que tu as envie de passer aussi du temps, en tête à tête, avec tes amis de toujours. Dire simplement ce que tu ressens est la meilleure solution.

Loin des yeux, loin du cœur ?

« Ma meilleure amie va changer de collège. J'ai d'autres amis, mais sans elle, je me sens seule et perdue. J'ai peur de couler dans une dépression. »

Victoria, 12 ans

« L'année prochaine, je rentre au lycée et je vais me séparer d'une de mes meilleures amies. **J'ai peur de perdre contact avec elle** alors que l'on s'entend super bien. »

Lauriane

« Je suis en 3e et je sais que l'année prochaine, ma meilleure amie part en pension à Paris. Cela va me faire un gros vide, car j'avais beaucoup d'affinités avec elle. »

Clémence

Quelques réponses toutes prêtes…

Pour rassurer un proche dont tu vas être éloigné, tu peux toujours lui dire :

Version geek

« Toi et moi, on est hyperconnectés pour la vie ! »

Anonyme

Version moderne

« Mille kilomètres, c'est jamais qu'une heure d'avion ! »

Anonyme

Version intéressée

« Enfin une bonne raison pour réclamer à mes parents un ordinateur avec caméra intégrée ! »

Anonyme

L'ANTHROPOLOGUE VOUS DIT TOUT

Partir tout en restant

Dans toutes les sociétés, il existe des rites de passage entre l'adolescence et l'âge adulte, et cette étape passe toujours par la séparation. Un mythe indien raconte que la femme d'un grand sage mit au monde des triplés. Devenus adolescents, deux d'entre eux annoncent à leur mère qu'ils doivent la quitter. L'un va devenir le dieu Lune et l'autre le dieu des Ascètes. Voyant leur mère désolée, ils s'arrangèrent pour transférer une partie de leur être dans leur troisième frère Dattatreya. Celui-ci est donc représenté avec trois têtes.

Pourquoi a-t-on aussi peur de l'éloignement ?

Pendant des siècles, l'éloignement était synonyme de séparation quasi totale, car les moyens de communication modernes n'existaient pas. Le jeune soldat qui s'en allait faire la guerre n'était pas certain de recevoir la lettre de sa fiancée qui, de son côté, attendait durant des mois des nouvelles… Aujourd'hui, tu as la chance de pouvoir joindre instantanément n'importe qui dans le monde et même de le voir pendant que tu lui parles ! Certains de tes ancêtres auraient sans doute donné tout ce qu'ils possédaient pour pouvoir bénéficier d'une telle technologie. Toutes les conditions sont donc réunies pour garder le contact. Cela ne dépend que de toi et de ton proche !
Pour celui qui déménage, l'important est aussi de savoir comment sa nouvelle vie va s'organiser, car il n'y a rien de pire que de subir une situation qu'il n'a pas voulue (se retrouver éloigné de ses meilleurs amis) sans pouvoir se projeter dans l'avenir.
Plus que le changement, c'est l'incertitude qui stresse et rend malade. Si c'est ton ami qui s'en va et si tu veux l'aider, renseigne-toi avec lui sur ce qui l'attend (loisirs, culture dans sa nouvelle ville). Il se sentira moins seul si vous vous renseignez ensemble.

Comment garder les liens ?

Puisqu'il est possible de communiquer avec tes proches quand bon te semble, la principale difficulté est de conserver cette belle complicité qui t'unissait à eux.
En effet, tu ne vas plus partager certaines activités avec tes copains comme autrefois, mais rien ne t'empêche de partager de nouvelles expériences (par exemple, pendant les vacances scolaires où vous pouvez vous revoir) qui contribueront elles aussi à renforcer vos liens.
D'autre part, vous pouvez aussi continuer à vous raconter vos aventures de la journée. Ce ne sont pas quelques kilomètres qui peuvent briser des liens forts.

Je ne peux plus m'en passer, suis-je accro ?

« Depuis la 5e, je suis accro aux jeux vidéo, je ne pense qu'à ça dès que je rentre : je ne fais plus mes devoirs malgré mes efforts pour m'arrêter d'y jouer et mes notes baissent ! » **JORDAN**

« Je crois que je deviens de plus en plus **accro à mon ordinateur**, je ne sais plus quoi faire. Je repousse mes devoirs au lendemain en sachant le risque, **je ne me reconnais plus !** Les disputes avec mes parents deviennent de plus en plus fréquentes et mes parents n'ont quasi plus confiance en moi car je leur mens. »
PAULINE, 14 ANS

« Je suis accro aux bonbons, comment faire pour baisser ma consommation ? » **ANONYME, 11 ANS**

« Je suis **accro aux mangas** et je ne peux pas vivre sans, pourtant j'ai tout essayé. Je **tente d'autres activités**, mais ça ne marche pas. Help ! » **ANONYME**

Quelques réponses toutes prêtes…

Si tes parents trouvent que tu passes trop de temps sur tes jeux vidéo, tu peux toujours répondre :

Version éducative

« Pas du tout, je révise mon histoire en me mettant à la place d'un guerrier, vous devriez m'encourager au lieu de vous plaindre ! »
ANONYME

Version sportive

« Je ne joue pas, je travaille mes réflexes ! »
MAXIME

Version logique

« C'est de ma génération, je vis avec mon temps ! »
ADÈLE

L'ANTHROPOLOGUE VOUS DIT TOUT

Des inuits accros

De nombreux peuples autochtones, comme les Inuits du Canada, ont sombré dans la dépendance à l'alcool et aux jeux d'argent après avoir été déplacés de leur territoire ancestral et de leur vie dans la nature. Aujourd'hui, pour les sauver, on réorganise des coutumes traditionnelles comme la suerie, le calumet, la danse du soleil, la tente tremblante, le jeûne, etc. C'est une sorte de guérison communautaire. En inuit, le fait d'être ingénieux et de trouver une solution à ses problèmes se dit *qanuqtuurunnarniq* !

Pourquoi ça m'arrive ?

L'adolescence étant une période propice aux découvertes, il est normal d'avoir envie de te plonger dans de nouveaux univers ou de tenter de nouvelles expériences. Ce n'est pas être « accro » que d'aimer l'univers manga, tant que cela ne retentit pas sur le reste : c'est ton droit de te faire une décoration manga, de lire des BD mangas, d'aller à des salons dédiés aux mangas et de discuter, avec tes copains, de mangas !
Manger des bonbons n'a rien à voir non plus avec une addiction car cela ne t'empêche pas de travailler en cours, de voir tes amis, de te coucher à heures régulières et de manger à table.
Ce qui est moins normal en revanche, c'est quand ta nouvelle activité empiète sur toutes les autres, à commencer par ta scolarité comme pour Jordan ou Pauline. Et c'est encore pire si tu en es au stade de mentir à tes parents pour masquer le temps que tu y passes, comme Pauline.
Si tu joues plus de trente heures par semaine, tu es en « surconsommation » de jeux. Si c'est le cas, c'est que tu es en train de devenir « accro » au sens médical du terme et à ce rythme, tu en oublieras bientôt tes amis, ta famille, tes horaires, etc. Or ne plus avoir de vie sociale, c'est déjà un signe d'addiction comportementale : il est grand temps de réagir !

Comment faire ?

Si ta situation est similaire à celle de Jordan ou de Pauline – tu t'isoles de plus en plus pour t'adonner à ta seule activité de jeux –, il va te falloir un accompagnement psychologique pour t'en sortir. Demande à tes parents de consulter le médecin en leur disant que tu as enfin compris que tu avais un problème avec les jeux et que tu as besoin d'aide. Ils seront soulagés de voir que tu te rends compte que ça ne va pas et seront probablement heureux de t'emmener consulter. Lors de cette consultation, le généraliste leur donnera aussi des consignes pour t'aider sans te disputer à longueur de journée car les tensions dans la famille ne font qu'augmenter ton angoisse et aggraver ton addiction. Plus que jamais, tu as besoin de regonfler ton estime de toi pour réussir !

Vrai ou faux ?

Être accro aux jeux peut faire perdre tout sens de la réalité.

Vrai ! En Corée du Sud, un homme de 22 ans qui ne pouvait plus se passer de jeux vidéo a laissé son petit garçon de 2 ans mourir de faim et, malheureusement, ce n'est pas de la fiction.

Quoi faire face à un « caïd » qui m'agresse ?

« Il n'y a pas longtemps, je me suis fait insulter par un garçon que je déteste. Le pire, c'est que son insulte ne me visait pas moi, mais mes parents. J'ai du mal à passer l'éponge, que faire ? »
Anonyme

*« Que faut-il faire quand dans notre école il y a **une fille qui nous agresse** et on n'a qu'une envie, la taper, la gifler, etc. ? »* **Coline, 11 ans**

« Dans mon collège, il y a un garçon qui n'arrête pas de me frapper et m'insulter sans raison et je n'arrive pas à le dénoncer car il sait très bien mentir et me fait peur, quoi faire ? »
Anonyme

Quelques réponses toutes prêtes…

Si quelqu'un t'agresse verbalement, tu peux répondre :

Version « du calme »
« On m'attend, salut ! »
Anonyme
(Ce n'est pas le moment de le contrarier, mais plutôt de lui faire comprendre que tu n'es pas seul !)

Version polie
« T'as certainement mieux à faire que de t'occuper de moi, alors ne te gêne pas ! »
Océane

L'ANTHROPOLOGUE VOUS DIT TOUT

Le porteur d'insultes

Un mythe scandinave raconte qu'il existe, au centre de la Terre, un arbre immense, Yggdrasil, dans lequel habite un écureuil. L'animal, Ratatosk (c'est son nom), a pour mission de monter et descendre le long du tronc pour porter des messages. Mais pas n'importe lesquels ! Il s'agit de messages d'insultes que s'échangent le dragon qui ronge les racines en bas de l'arbre et l'aigle, en haut, qui fabrique le vent en battant des ailes. En effet, le dragon et l'aigle sont des ennemis jurés !

L'AVIS DU DOC

Pourquoi ça m'arrive ?

Quand une personne est agressive et en colère, elle réagit de façon impulsive : son cerveau des émotions prend le dessus sur son cerveau de la raison. Soit elle s'en prend directement à l'objet de sa colère, soit elle s'en prend au premier venu (souvent quelqu'un de plus faible qu'elle) et c'est ce qui semble se passer dans le premier témoignage et dans le troisième. En injuriant ainsi sans raison, en étant violente parfois, cette personne extériorise son agressivité qui, autrement, se retournerait contre elle. Ce n'est pas une excuse car sa victime n'y est pour rien. L'agresseur va donc devoir apprendre à gérer autrement ses émotions, parfois avec l'aide d'un professionnel de la santé, parfois sous la contrainte de la justice. C'est pourquoi lorsque quelqu'un se comporte ainsi avec toi, ton premier réflexe doit être d'en parler à un adulte de confiance (parents, infirmière scolaire ou professeur principal si cela se passe dans l'enceinte de ton établissement). Puisque cette personne n'est pas capable de comprendre seule que son comportement est inacceptable, un adulte doit l'y contraindre.

Comment faire ?

Au moment où la personne t'agresse, tu n'as pas d'autre choix que de faire profil bas, c'est-à-dire répondre calmement ou t'enfuir si tu es directement menacé. En effet, ce n'est pas le moment de hausser le ton car si tu réagis un peu violemment à ton tour, sa colère va encore monter d'un cran et cela peut finir par virer au drame. À des insultes verbales, il vaut mieux réagir par de l'indifférence (l'agresseur va vite se lasser s'il a l'impression que ce qu'il dit ne te touche pas). En cas d'agression physique, il faut en référer à des adultes responsables du lieu où cela s'est passé ou bien déposer plainte. Tu peux aussi appeler le 3020, qui est le numéro mis en place par le gouvernement pour faire cesser le harcèlement. Ne pense pas que la parole de ton agresseur sera plus crédible que la tienne et qu'il est imbattable : ça, c'est ce qu'il veut te faire croire. D'ailleurs, rien ne t'empêche de le piéger en enregistrant avec la fonction dictaphone de ton portable ce qu'il te dit, à son insu (pourquoi pas avec l'aide d'un copain).

Vrai ou faux ?

L'agressivité est d'origine hormonale !

En partie vrai seulement : les hormones sexuelles et les hormones du stress peuvent effectivement favoriser un comportement impulsif et agressif, mais normalement, chacun a appris depuis son plus jeune âge à canaliser sa frustration, et donc à faire preuve de patience et de raison. Coline éprouve peut-être l'envie de gifler une autre fille, mais rien ne peut excuser le fait qu'elle passe à l'acte. Elle peut tenter de dialoguer avec la fille qu'elle trouve insupportable ou l'ignorer, mais en aucun cas la gifler. Ne pas être capable de trouver une solution diplomatique, vouloir tout régler par la violence, c'est une preuve de grande immaturité et cela mérite de se faire aider par un psychologue.

Comment obliger mes parents à avoir un animal de compagnie ?

« **J'aimerais vraiment un lapin nain mais mes parents disent que le coût par mois est trop élevé et que je ne m'en occuperai pas. Ils ne se sont même pas renseignés ! En plus, je n'ai aucune difficulté pour suivre les cours au collège. J'aimerais savoir comment les convaincre.** » **Claire, 12 ans**

« Mes parents disent que je n'ai pas besoin d'un animal de compagnie car **j'ai la chance d'avoir un petit frère pour jouer** avec. Tu parles d'une chance ! Comment leur faire comprendre que **ce n'est pas du tout pareil** ? »
Anonyme

Quelques réponses toutes prêtes...

Si tes parents t'estiment trop jeune pour t'occuper d'un animal, tu peux toujours répondre :

Version tac au tac

« Vous ne me croyez pas capable de m'occuper d'un chien mais vous voulez que je garde mon petit frère ?! »
Jean-Victor

Version entraînée

« Après mon frère, je ne vois pas comment ça pourrait être pire ! »
Enora

Version mauvaise foi

« Moi, j'ai pas le droit d'avoir un animal, mais mon frère lui, a le droit de garder une araignée dans sa chambre ! »
Anonyme

L'ANTHROPOLOGUE VOUS DIT TOUT

Un moi animal

Les Indiens d'Amérique pensent que l'on a chacun en soi un « moi animal », qui se manifeste à la naissance (le premier animal rencontré) ou en songe. C'est un esprit familier, qui accompagne chacun d'entre nous tout au long de sa vie : une sorte d'animal de compagnie intérieur. Chez les Algonquins, cet animal s'appelle grand-père ou grand-mère !

Pourquoi ça m'arrive ?

Il n'y a pas d'âge pour avoir envie d'un animal de compagnie, autrement dit, d'un ami rien que pour toi. Avantages : un animal ne te juge pas sur tes notes ou sur ton implication aux tâches ménagères. Il ne pique pas de crise comme un petit frère si tu ne joues pas avec lui ! Et il peut t'aider à te faire plein de nouveaux amis car c'est un sujet de conversation tout trouvé. Pour autant, un animal n'est pas un jouet : il a aussi des besoins (soins, nourriture, sorties, présence…) et avant de penser à en adopter, tu dois d'abord t'assurer que ton mode de vie et celui de tes parents – y compris dans les prochaines années – sont compatibles avec sa présence. Un animal, ça ne s'achète jamais sur un coup de tête !

Comment faire ?

Comme c'est toi qui es demandeur, si tu veux convaincre tes parents, comme Claire, c'est à toi de te renseigner sur le coût de l'animal (à l'achat et à l'année), les contraintes et la meilleure façon de s'en occuper. Tu dois être imbattable sur le sujet, quitte à aller à la médiathèque pour lire tout ce qui se rapporte à cet animal. Plus tes parents auront l'impression que tu as réfléchi à la question et plus ils seront prêts à faire un effort. Tu dois aussi avoir réponse à tout : qui s'en occupera si tu pars quelques jours ? Et si vous partez tous en vacances ? Pour autant, même si tes parents veulent bien te faire plaisir, il y a des fois où ils ne pourront pas accéder à ta demande : s'il y a des grosses allergies dans la famille par exemple, ou si votre mode de vie est vraiment trop imprévisible. Dans ce cas, propose à un voisin ou un membre de ta famille de s'occuper de ton animal en ton absence dans la journée. Tu peux aussi demander à aller dans une colonie de vacances proposant un séjour avec les animaux : en plus, cela te permettra de prouver à tes parents à quel point tu es motivé !

Vrai ou faux ?

Un lapin de compagnie vit en moyenne sept ou huit ans.

Vrai ! Si tu t'en occupes bien et que tu l'adoptes à ton entrée en 6e, il sera encore là quand tu passeras ton baccalauréat. Tu comprends mieux pourquoi il s'agit d'un vrai engagement et pas seulement d'un caprice !

Je veux plus d'argent de poche ! Comment faire ?

« Mes parents me donnent moins d'argent de poche qu'à mes copines **et ça me pose un problème. J'ai essayé de leur en parler, mais ils disent que ce sont** *mes copines qui sont trop gâtées*, **quoi faire ? »**
ANONYME

« **Mes parents trouvent toujours un prétexte *pour ne pas me donner mon argent de poche*** et j'en ai plus qu'assez. **Comment les obliger ?** » ANONYME

Quelques réponses toutes prêtes…

Si tes parents ne veulent pas entendre parler d'argent de poche, tu peux toujours répondre :

Version travailleuse

« OK, mais pour ce qui est de garder ma petite sœur, d'aider mon frère pour ses devoirs ou de faire la vaisselle, je démissionne ! À 0 € de l'heure, vous allez avoir du mal à me remplacer et moi, je n'aurai pas de mal à trouver une meilleure place ! »
ANONYME

Version rusée

« Pas d'argent, OK, mais j'accepte les bijoux et les chèques si ça vous arrange ! »
ZOÉ

L'ANTHROPOLOGUE VOUS DIT TOUT

De l'argent pour l'au-delà

Pour être sûrs de ne jamais se faire voler, les Lapons cachent leur argent en faisant un trou dans la terre. Et si l'on demande aux plus âgés pourquoi ils font ça, ils répondent : « Si mon argent, après ma mort, tombe aux mains d'un autre, qu'est-ce que j'aurai, moi, pour vivre, de l'autre côté ? » Eh oui, on n'est jamais assez prudent !

Pourquoi ça m'arrive ?

Comme tu gagnes en autonomie, tu te découvres de nouveaux besoins avec l'âge, que ce soit pour te détendre, pour séduire, ou autre. Et les publicitaires, qui l'ont bien compris, te matraquent de messages te laissant croire que si tu ne possèdes pas le dernier produit qu'ils vantent, tu es vraiment en dessous de tout, ce qui est faux bien entendu ! On ne reconnaît pas la valeur d'une personne à ce qu'elle a, mais à ce qu'elle est.

Comment faire ?

Avoir de l'argent de poche fait partie de l'apprentissage de l'autonomie, et c'est pourquoi il est important que tes parents te versent un petit pécule tous les mois (ou à un autre rythme), en fonction de leurs moyens. Cela ne doit pas être lié à tes notes (sauf si vraiment tu fais zéro effort) car apprendre à gérer ses revenus, cela te servira toute ta vie. Malgré tout, si tu te sers de cette somme pour acheter des cigarettes, de la drogue ou de l'alcool, il est normal qu'ils arrêtent tout. Hormis ce cas particulier et mis à part un souci majeur les empêchant de t'aider (chômage, maladie, etc.), si tes parents ne veulent rien savoir, c'est le moment de leur faire lire cette page !
Pour que cet argent ait une valeur éducative, la somme que tu vas recevoir doit être fixée d'avance (elle ne doit donc pas varier en fonction de tes besoins). La liste des dépenses qu'elle doit te servir à assumer doit être connue d'avance elle aussi : est-ce juste pour tes loisirs ou pour payer ta cantine, tes tickets de transport et tes vêtements ? C'est avec des règles claires que tu vas pouvoir apprendre à gérer ton argent. Si tu en as moins que tes amis, commence par faire certaines économies sur des achats non essentiels pour compenser ce manque ou fais-toi un peu d'argent en rendant divers services autour de toi. En revanche, demander à tes parents de t'en donner plus ne va pas t'aider à grandir : crois-tu que plus tard, quand tu auras un travail, il te suffira de demander quelque chose pour l'obtenir à coup sûr ?!

Vrai ou faux ?

En France, les parents jouent plutôt bien le jeu.

Vrai ! Si l'on additionne l'argent donné toutes les semaines ou tous les mois et celui reçu à certaines occasions (fêtes, anniversaires, passage dans la classe supérieure, etc.), les petits Français reçoivent en moyenne 8 € par mois en primaire et cette somme augmente progressivement pour atteindre 80 € mensuels au lycée. Toutefois, certains ont l'impression de ne pas en voir la couleur car leurs parents déposent directement cette somme sur un livret, à la banque.

Pourquoi est-ce que ce n'est pas moi qui choisis pour moi ?

« J'aimerais faire un bac L car je suis l'une des meilleures élèves de français en 3e dans mon collège et plutôt moyenne en maths. Mais mes parents n'approuvent pas mon choix. Pour eux, la meilleure option reste un bac scientifique. Comment les convaincre ? » Ambre

« Je suis en 4e et je suis une très bonne élève, mais je n'ai aucune idée de ce que je voudrais faire, or mes parents commencent à me mettre la pression. Comment choisir ? » Julie, 13 ans

« Je fais du piano depuis 3 ans et je commence à en avoir assez. Je le dis à mes parents, mais ils ne veulent rien savoir. Comment faire pour les convaincre ? » Lucie

« Plus tard je voudrais être comédienne, mais j'ai peur de l'avouer à mes parents même si toutes les personnes de mon entourage trouvent que je joue très bien. Aidez-moi ! » Line, 14 ans

Quelques réponses toutes prêtes...

Si un parent veut t'imposer son choix, tu peux toujours répondre :

Version équitable

« OK, mais si tu choisis pour moi, alors moi je choisis pour toi. T'es sûr de vouloir continuer sur cette voie ? »
Anonyme

Version logique

« C'est ma vie donc c'est moi qui choisis ! »
Anaïs, Johann

L'ANTHROPOLOGUE VOUS DIT TOUT

Pas le choix !

Au début du XXe siècle, chaque sexe avait ses occupations chez les Indiens des Plaines : les filles devaient fabriquer des couvertures, des vêtements, des tapis, c'est-à-dire tout ce dont la tribu avait besoin. Pour qu'elles deviennent de bonnes tisseuses, on leur frottait les bras avec des toiles d'araignées ! Les garçons, eux, devaient aller chasser et pêcher et on leur frottait les yeux avec du poivre rouge pour leur porter chance ! Chacun ayant son rôle à jouer dans l'intérêt de la tribu, l'initiative individuelle était très mal vue.

L'AVIS DU DOC

Pourquoi ça m'arrive ?

On te demande très tôt dans ton cursus scolaire de faire des choix et donc de prendre des décisions importantes, alors que tu n'as pas forcément une idée très précise de ce que tu veux faire plus tard ou que tu peux encore changer plein de fois d'avis, ce qui est normal puisque tu te cherches. Le problème est que tes parents, qui ont déjà vécu plusieurs crises économiques, peuvent estimer que c'est de leur devoir de te montrer la voie la plus sûre pour éviter de te retrouver plus tard au chômage. Et cette bonne intention peut expliquer que certains choix comme celui de Line (qui veut être comédienne) ne rencontrent pas forcément leur approbation ! Cela peut aussi expliquer que l'envie d'Ambre d'aller en L plutôt qu'en S, filière réputée pour être celle ouvrant le plus de portes après le baccalauréat, ne les enthousiasme guère davantage. Il y a enfin les parents qui projettent leurs désirs sur leurs enfants et pensent que ces derniers ont forcément les mêmes goûts (comme l'envie de faire du piano), alors qu'il n'en est rien.

Comment faire ?

Tes parents ont le droit d'exprimer leurs craintes et de te donner des conseils, cela fait partie de leur rôle de parents et sans doute devrais-tu faire l'effort d'écouter ce qu'ils ont à te dire jusqu'au bout, car au final, ils ne veulent que ton bien. Pour autant, l'inverse est aussi vrai : tu as le droit de t'exprimer et ils doivent faire l'effort d'écouter ce que tu as à leur dire. Si rien n'y fait, comme pour Lucie par exemple, n'hésite pas à en parler à un autre adulte qui pourrait leur faire entendre raison (par exemple, un de tes grands-parents).
Pour ce qui est de l'orientation scolaire, un rendez-vous avec tes professeurs peut également être utile : si le professeur de mathématiques d'Ambre estime qu'elle va au-devant de grandes difficultés en suivant une filière S, ses parents seront plus enclins à revoir leur décision. Enfin, n'hésite pas à leur parler de tes goûts : si Line aime jouer la comédie, ses parents accepteront peut-être qu'elle suive des cours de théâtre en parallèle du lycée. Il sera toujours temps de voir plus tard si elle a le talent nécessaire (et la chance) pour percer ! Quant à Julie, elle a le droit de dire que toute la pression qu'elle subit de la part de ses parents ne fait que la stresser davantage, et qu'elle a besoin de temps pour affiner ses choix.

Fumer, c'est juste pour frimer ?

« Je me pose beaucoup de questions parce que toutes **mes amies ont déjà fumé une fois ou du moins essayé** (j'ai 14 ans et je suis au collège), mais pas moi. **J'ai peur d'être ridicule** parce que je ne l'ai jamais fait, est-ce grave ? »
Anaïs

« Je sais que la cigarette est mortelle, j'ai même étudié ça en SVT. Et j'ai très peur de fumer plus tard… » **Grégoire, 14 ans**

« J'ai entendu deux élèves de ma classe parler de la chicha. **En écoutant mieux, j'ai compris qu'ils en fumaient. Je suis très choquée, mais je ne sais pas quoi faire.** À qui dois-je en parler ? »
Anonyme, 12 ans

Quelques réponses toutes prêtes…

Si quelqu'un se moque de toi parce que tu n'as jamais essayé, tu peux toujours répondre :

Version esthétique
« Oh tu sais, moi, les dents jaunes, la mauvaise haleine et le teint brouillé, ce n'est pas trop mon truc ! »
Anonyme

Version cynique
« T'as un problème, t'es suicidaire, tu veux mourir jeune ? »
Zoé

Version pas bête
« Je préfère mourir… en bonne santé ! »
Adèle

Version je t'en pose des questions
« Qu'est-ce que t'en sais si j'ai fumé ou non, t'es voyante ? »
Enora

L'ANTHROPOLOGUE VOUS DIT TOUT

La fumée du chamane, c'est du sérieux !

La fumée est utilisée par les Indiens pour changer d'état. Quand un chamane, un homme-médecin, veut soigner un malade, il brûle des plantes au-dessus du corps de son patient. Quand il veut lui-même se transformer, il fume certaines herbes. La fumée de plantes lui sert à atteindre des états qui vont changer son rapport au monde. La fumée, pour lui, c'est vraiment du sérieux, ce n'est pas une mode ou un loisir !

L'AVIS DU DOC

Pourquoi ça m'arrive ?

Ce qui est grave, ce n'est pas de ne jamais avoir fumé comme Anaïs, mais de fumer déjà au collège ! En effet, plus un fumeur débute tôt et plus il lui sera difficile, plus tard, d'arrêter. C'est le même problème pour la pipe à eau (ou chicha) à 12 ans et pour le cannabis : à cet âge, le cerveau est encore immature et donc très vulnérable. Étant donné que la nicotine favorise la production de dopamine (l'hormone du plaisir), chaque cigarette fumée reproduit cette sensation agréable et donne envie de recommencer. De là à devenir dépendant, il n'y a qu'un pas, d'autant que le manque de tabac chez un fumeur régulier provoque des symptômes très déplaisants (irritabilité, stress, maux de tête, insomnie). Au prix du paquet de cigarettes, si tu deviens « accro », tu risques d'y laisser tout ton argent de poche. Et dire que tu paies pour t'abîmer la peau, les dents, perturber ta fertilité pour les filles (risquer des troubles de l'érection pour les garçons qui consomment du cannabis), t'exposer à des troubles respiratoires et, plus tard, à des tas de cancers !

Comment faire ?

La plupart de ceux qui commencent à fumer se sont laissé entraîner. Ils n'ont pas osé dire « non » et, après, sont devenus « accros ». Pour ne pas tomber dans ce piège, il ne faut pas débuter. Ceux qui te font croire que tu pourras arrêter quand tu le veux sont des menteurs. C'est possible, mais ça demande beaucoup de motivation, de gros efforts et les rechutes sont assez fréquentes… Si tes amies fument comme celles d'Anaïs, n'attends pas qu'elles te demandent d'en griller une pour trouver ta réplique, mais préviens d'office que ça ne te tente pas ou que tu n'as pas d'argent à gaspiller là-dedans, ou encore que t'a déjà essayé et que ça ne t'as pas plu du tout (un petit mensonge pour la bonne cause, ça ne compte pas !). Si tu es inquiet(e) parce qu'en plus de la cigarette, du cannabis ou une autre drogue circule dans ton collège, le mieux est d'en parler à l'infirmière scolaire ou à un autre adulte de confiance.

Vrai ou faux ?

Certaines cigarettes sont moins dangereuses que d'autres.

Faux ! Un gramme de tabac, avec ou sans arômes artificiels, à rouler, en cigarette, en cigare, dans une pipe ou une pipe à eau, etc., ça reste toujours aussi nocif. À fuir !

Y a-t-il une vie sans portable ?

« **J'ai 12 ans, je suis en 6e et mes parents ne veulent pas que j'aie de portable**. J'ai une moyenne générale de 17,5 et les trois quarts de mes amis en ont un. Comment leur faire comprendre que c'est injuste ? » **Rose, 12 ans**

« Je ne demande qu'une chose à mes parents : un portable. Tous mes potes en ont un. J'ai l'impression que mon père veut bien… Mais ma mère est archi contre ! Elle dit que je suis trop jeune et que ce n'est pas indispensable ! Je ne sais pas du tout comment les convaincre. » Pauline

« ***Depuis que je suis en 6e, je demande à aller sur Facebook*** *à mes parents mais impossible de les faire changer d'avis,* ***c'est toujours non !*** *Je ne sais plus comment faire, car tous les élèves de mon âge y sont.* »
Lucie, 13 ans

Quelques réponses toutes prêtes…

Si tes parents ne voient aucun avantage au portable, tu peux répondre :

Version bien argumentée

« C'est pourtant un instrument quatre en un très économique : il fait office de réveil, me permet de répondre à tous vos appels et peut même enregistrer un cours important avec sa fonction dictaphone ou résoudre une équation grâce à sa fonction calculette ! »
Anonyme

Version tac au tac

« Faudrait savoir, vous trouvez toujours que je ne communique pas assez ! »
Iona

Version Nabilla

« Non mais allô quoi ! »
Mathilde

L'ANTHROPOLOGUE VOUS DIT TOUT

Plus fort qu'un portable !

Le chamane des Toungouses de Sibérie sait communiquer avec les animaux, convoquer les esprits, deviner l'avenir, joindre en deux secondes l'homme de la Lune et la femme du fond de la mer, attirer les enfants ou les animaux, deviner le temps qu'il va faire, visualiser son propre squelette, se séparer de son âme, faire des voyages mystiques et des vols magiques : et tout ça, sans portable ! Le chamane mongol joue sur un tambour spécial avec un bout de bois de mélèze frappé par la foudre, jusqu'à ce que les esprits lui rentrent par les aisselles. C'est pour ça que son vêtement n'est jamais cousu sous les bras !

Pourquoi ça m'arrive ?

Si tous tes amis ont un portable, il est probable qu'ils s'envoient des informations par ce biais, s'échangent des applications, jouent, etc., et du coup, tu te sens un peu exclu. Idem pour Facebook. Pour autant, tu dois aussi comprendre que tes parents ont certainement de bonnes raisons de te refuser ce plaisir, même si tu as de bonnes notes comme Rose. Par exemple, ils peuvent craindre pour ta santé dans la mesure où certaines études scientifiques concluent à un possible effet délétère des ondes électromagnétiques émises par un portable sur le cerveau. Ou alors, ils peuvent estimer que le coût engendré par l'abonnement est un problème pour l'équilibre de leur budget, surtout si vous êtes plusieurs frères et sœurs en âge d'avoir un portable. Enfin, ils peuvent craindre que tu passes trop de temps au téléphone (au détriment de tes études) ou que tu sois victime de cyber-harcèlement, ce qui a déjà conduit plusieurs jeunes au suicide.

Comment faire ?

Essaie de comprendre pourquoi tes parents ont dit non jusqu'à présent, cela t'aidera à trouver des arguments positifs auxquels ils n'ont peut-être pas pensé. Si, comme la mère de Pauline, tes parents estiment que ce n'est vraiment pas indispensable, dis-leur que tu es d'accord, mais que le fait de te sentir ainsi exclu te pose un souci ou que tu te sentirais plus en sécurité si tu savais que tu pouvais les joindre à tout moment ou encore, que la dernière cabine téléphonique du secteur a été démontée, etc. Si c'est le prix de l'abonnement qui est un frein, tu peux leur proposer de leur rendre un petit service qui leur éviterait de dépenser leur argent par ailleurs. Si ce sont les risques encourus par ta santé, engage-toi à respecter toutes les règles de sécurité : choix d'un modèle dont le DAS – débit d'absorption spécifique ou puissance du rayonnement absorbé localement par le cerveau – est le plus bas possible. Extinction complète de ton portable durant la nuit, pendant les cours et dans les transports (car lorsque tu te déplaces, ton portable émet davantage de rayonnements pour trouver l'antenne relais la plus proche). Recours à une oreillette filaire pour éloigner ton portable du cerveau quand tu parles, etc. Pour ce qui est de Facebook, vois avec tes parents s'ils se sentiraient plus rassurés si tu leur donnais accès à ta page, au moins les premiers mois, le temps que tu te familiarises avec…

Qu'est-ce qu'il a mon look ?

« J'aimerais porter la casquette hip-hop. Ma mère ne veut pas, elle dit que ça fait trop voyou. Toutes mes amies en ont et pas moi ! »
Samantha, 11 ans

« J'aimerais bien mettre mon nouveau bonnet pour aller au collège mais j'ai peur qu'on se moque de moi. Comment ne pas avoir honte ? »
Simon, 12 ans

« **Je déteste mettre des jupes et des robes** : je préfère les pantalons et les shorts, mais **ma mère m'oblige à en porter**. Je lui ai déjà dit que j'avais horreur de ça, mais elle ne m'écoute pas. Quoi lui dire pour lui faire comprendre que **c'est moi qui décide de mon style** ? » **Anonyme**

Quelques réponses toutes prêtes...

Si tes parents critiquent ta tenue, tu peux toujours répondre :

Version outrée
« Vous voulez que je plaise uniquement à des gens de votre âge ou quoi ?! »
Anonyme

Version moqueuse
« Vous voulez qu'on fasse un sondage pour savoir lequel d'entre nous est le plus à la mode ? »
Maxime, Maëlle

Version ironique
« Au cas où vous ne l'auriez pas remarqué, on n'est plus dans les années 70 ! »
Lucie

L'ANTHROPOLOGUE VOUS DIT TOUT

La mode des fous sages

Lan Caihe est l'un des huit immortels de la tradition chinoise. Il est assez efféminé et un peu fou. Il joue du luth et s'habille complètement de travers. En été, il porte des vêtements chauds et en hiver, il dort tout nu dans la neige. Pourtant, ses drôles de goûts l'ont fait considérer comme un grand sage et lui ont permis d'obtenir la vie éternelle !

Pourquoi ça m'arrive ?

Te trouver un style vestimentaire dans lequel tu te sens bien fait partie de ta quête d'autonomie. C'est donc plutôt le signe que tout va bien, sauf si tu adoptes un « look » qui risque surtout de te porter préjudice parce qu'il donne une image déformée de toi. Par exemple, si tu es une fille et que tu t'habilles de façon vraiment trop provocante, tu risques de susciter des réactions inappropriées d'hommes plus âgés et il est donc normal que tes parents s'en inquiètent. C'est pareil si ta tenue est tellement agressive qu'elle risque de te faire passer pour un(e) délinquant(e) alors que tu ne fais rien de mal. Tes parents sont alors dans leur rôle lorsqu'ils refusent que leur argent soit utilisé pour l'achat de telles tenues et qu'ils te mettent en garde sur les possibles conséquences de ton look. Le problème, c'est que parfois, leurs propres convictions les font s'inquiéter pour rien : par exemple, ce n'est pas parce que Samantha va porter une casquette hip-hop qu'elle va faire « trop voyou ». Et ce n'est pas parce que tu es une fille que tu es obligée de porter une robe ou une jupe !

Comment faire ?

Les disputes entre parents et ados autour de la tenue vestimentaire surviennent surtout quand le dialogue à la maison est déjà mauvais. Dans ce cas, la tenue cristallise toutes les tensions, mais c'est l'arbre qui cache la forêt. C'est pourquoi si tu arrives à renouer le dialogue avec tes parents sur d'autres sujets (tes amis, tes loisirs, tes études, etc.), il y a de bonnes chances pour que ta tenue les inquiète déjà beaucoup moins. Et si malgré une bonne entente, tes parents ne démordent pas de leurs convictions, trouve-toi un allié (adulte) dans la famille : une mamie ou une tante et/ou un ami de tes parents qui trouvent que tu as bon goût, ça aide !

Vrai ou faux ?

Au Japon, on dénombre au moins une centaine de styles différents.

Vrai ! Ta tenue, même si elle semble excentrique à tes parents, pourrait passer pour très sage au pays du Soleil-Levant ! Si tes parents ne sont pas convaincus, montre-leur une « Sweet Lolita » ou un « Visual Key » ou carrément une « Horror Girl » en dernier recours. Une bonne image vaut mieux qu'un long discours !

On me harcèle, comment dire stop ?

« Je suis en 6e et **une soi-disant amie me demande chaque jour de faire ses devoirs**. Je lui dis toujours oui car si je dis non, **j'ai peur de me faire taper ou de me faire rejeter** par toute la classe car c'est la plus populaire. »
ANONYME

« Dans mon collège, **j'ai cru voir une de mes amies se faire racketter** : je lui ai dit qu'**il fallait le dire, mais elle ne veut pas** et depuis, elle m'évite. »
JESSICA, 14 ANS

*« **Je suis roux et je vais bientôt entrer au collège.** Comment vais-je pouvoir réagir aux insultes ? Déjà en primaire, on se moque de moi ! »*
RÉMI, 11 ANS

« Au collège, la plupart des **gens se moquent de moi, me frappent gratuitement et m'insultent**. J'essaie de les ignorer mais cela n'a pas l'air de fonctionner, que faire ? » ABDEL, 14 ANS

Quelques réponses toutes prêtes…

Si on te traite de « gros » ou de « roux », tu peux toujours répondre :

Version boomerang

« C'est vrai, j'ai des kilos en trop (ou des cheveux roux) mais c'est plus facile pour moi de mincir (de changer de couleur de cheveux) que pour toi, d'avoir un jour un cerveau ! »
ANONYME

Version tac au tac

« Je suis roux et fier de l'être, mais toi, es-tu fier d'être aussi bête ? »
GABIN

Version rira bien qui rira le dernier

« Je ressemble beaucoup à mon père mais en moins baraqué… Tu veux bien lui répéter ce que tu me disais ? »
ANONYME

L'ANTHROPOLOGUE VOUS DIT TOUT

Une guerre d'usure

Les premiers missionnaires sur l'île de Pâques étaient très mal vus des habitants, qui mettaient systématiquement le feu à leur cabane. Ils ont eu alors l'idée de s'en construire une en tôle ondulée. Mais les Pascuans, ayant découvert le bruit que faisait une pierre jetée sur la tôle, ont lancé des cailloux pendant deux mois, toutes les nuits ! Les prêtres ne dormaient plus : ils ont quand même tenu bon, lisant leur bréviaire au lieu de dormir ! Et à la fin, ce sont les Pascuans qui se sont lassés…

Pourquoi ça m'arrive ?

Au moins 10 % des jeunes sont victimes de harcèlement au collège. Le harcèlement peut prendre plusieurs formes, mais c'est sa répétitivité dans le temps qui fait sa principale caractéristique : il peut être verbal (railleries, insultes, intimidations), physique (coups, racket, attouchements), relationnel (rejet, rumeur), matériel (vol, dégradation) et/ou reposer sur les technologies de l'information (Internet, portable). On parle alors de « cyber-harcèlement » et ce dernier n'a plus de limites puisqu'il peut avoir lieu de jour comme de nuit, sur le temps scolaire comme en week-end et pendant les vacances. C'est un véritable fléau.

Comment faire ?

La plupart des victimes de harcèlement n'osent pas parler car elles sont convaincues qu'il y aura des représailles si elles le font : mais ça, c'est ce que veulent te faire croire les harceleurs ! Ils se croient les plus forts parce qu'ils se mettent à plusieurs contre un, ce qui prouve en fait que ce sont des lâches. Il existe diverses solutions pour mettre fin à un harcèlement. Première d'entre elles : se servir du fait que le harceleur ne sort jamais sans sa bande pour le « moucher » devant tout le monde. Par exemple, la fille du premier témoignage pourrait demander à sa harceleuse, en la regardant droit dans les yeux et en parlant fort, si elle se trouve idiote au point de se sentir incapable de réussir seule ses devoirs. Évidemment, cela demande de l'entraînement (avec un ami ou devant ta glace) pour y arriver, mais pour ceux qui prennent cette option, outre le fait d'avoir ridiculisé son harceleur devant sa bande, s'ajoute la fierté d'avoir réussi seul. De quoi faire remonter son estime de soi en flèche ! Autre solution : repérer les autres victimes du harceleur afin de former un groupe et de faire front ensemble. Comme le harceleur s'en prend de préférence aux personnes seules comme Abdel, il fera déjà moins son malin. Autre avantage : lui montrer que face au harcèlement, aucun de vous ne va plus se laisser faire, ni se taire. Troisième solution : en parler à un adulte en qui tu as confiance (parent, infirmière scolaire, professeur) et/ou composer le numéro du service d'aide aux victimes. C'est le 3020. Que tu sois victime de harcèlement comme Abdel ou simplement témoin comme Jessica, tu pourras alors expliquer la situation, recevoir des conseils concrets et, au besoin, être mis en relation avec la personne spécialement chargée de lutter contre le harcèlement dans ton académie.

Vrai ou faux ?

Harceler, c'est grave.

Vrai et d'ailleurs, il y a eu plusieurs cas de jeunes victimes de harcèlement (âgées de 13 ans environ) qui se sont suicidées. C'est pourquoi si tu es témoin de harcèlement, tu n'as plus le droit de te taire. À partir de 13 ans, le harceleur risque carrément une forte amende (7 500 €) et une peine de prison.

Les hobbies, c'est pour la vie ?

« *Je suis passionné de badminton et j'aimerais bien en faire ma profession. J'en ai parlé avec mes parents, mais ils me disent que ce n'est qu'une passade, que les passions, ça ne dure qu'un temps ! Comment les convaincre que c'est sérieux ?* »
Anonyme

« **Je pratique un sport qui est le cheerleading**, mais ma mère n'aime pas ce sport acrobatique. Elle ne viendra même pas me voir à la compétition et ne **cesse de me répéter que ça va me passer et que plus tard**, je la remercierai de m'avoir évité de perdre mon temps ! **Comment faire pour qu'elle comprenne ma passion ?** » **Marine**

Quelques réponses toutes prêtes…

Si tes parents trouvent que ta passion te fait perdre ton temps, tu peux toujours répondre :

Version tac au tac

« Ce n'est pas vous qui me disiez que vous étiez passionnés par votre travail ? »
Anonyme

Version courte

« On n'a qu'une vie ! »
Lucie

Version désabusée

« À croire que vous n'en avez jamais eu ! »
Enora

L'ANTHROPOLOGUE VOUS DIT TOUT

Le hobby du sommeil

Les choix individuels ne comptent pas dans les petits groupes humains. Même les activités de loisirs sont faites en commun. Quand il reste du temps libre, on s'adonne à des jeux collectifs ou à des rites. La seule activité individuelle, pour laquelle dans certaines tribus on a une véritable passion, c'est le sommeil !

sportives peuvent également faire peur aux parents, comme la passion des tatouages, des piercings, la passion amoureuse, etc. Passion rime parfois avec déraison ! Et quand une passion coûte cher – ce qui est le cas de certains sports comme l'équitation ou la course automobile – tes parents peuvent alors craindre que ton hobby ne vienne perturber leur équilibre budgétaire : dans ce cas, il y a peut-être moyen de trouver un compromis, en diminuant le nombre de cours hebdomadaires que tu prends ou en t'arrangeant avec un propriétaire de cheval qui, lui, n'a pas le temps de monter le sien assez souvent, par exemple. C'est aussi à toi de proposer des solutions qui conviennent à tous !

Pourquoi ça m'arrive ?

En général, c'est plutôt l'inverse qui se produit : les parents se plaignent que rien n'intéresse leur ado et ils s'inquiètent de ce qu'il va devenir. Des parents qui voudraient un ado moins passionné, c'est déjà plus rare, sauf s'ils ont l'impression que cette passion dévorante empêche leur enfant de suivre normalement ses études ou détourne son attention de ce qu'eux considèrent comme essentiel. Certaines « passions » non

Comment faire ?

Pour convaincre tes parents que ton hobby est sain, tu dois leur prouver que c'est un « plus » et que tu ne vas pas laisser tomber le collège ou le lycée pour autant (même si tu envisages de devenir prof de badminton !). Le cas de Marine est un peu à part : sa mère part du principe que sous prétexte qu'elle n'aime pas quelque chose (le cheerleading en l'occurrence), c'est forcément une activité nulle. Deux solutions s'offrent à Marine : soit elle se trouve un autre allié dans la famille (son père, sa grande sœur, etc.) qui accepte de l'emmener à ses répétitions, soit elle tente de convaincre sa mère des points positifs de cette discipline en lui montrant les qualités qu'elle développe. Si la mère de Marine est obsédée par son poids, elle peut lui démontrer que ce sport lui fait dépenser énormément de calories et l'aide à garder une belle silhouette. Si sa mère est plutôt intéressée par le travail d'équipe, Marine peut lui montrer combien la cohésion du groupe est importante pour arriver à faire de belles figures acrobatiques, etc.

Les garçons sont-ils plus joueurs que les filles ?

« Je ne passe pas beaucoup de temps sur l'ordinateur (maxi 1 h/jour) mais mes parents me le reprochent souvent, alors que quand c'est mon frère qui joue, ils semblent trouver cela normal, c'est injuste ! »

LOUISE

« Contrairement aux autres garçons, je n'aime pas le foot. Je préfère le basket et le rugby. J'adore aussi jouer aux jeux vidéo et j'y passe beaucoup de temps ! Je joue trop, d'après mes parents… »

THIBAULT, 13 ANS

Quelques réponses toutes prêtes…

Si tes parents te reprochent de passer trop de temps à jouer, tu peux toujours répondre :

Version échec et mat

« Et d'après vous, il faisait quoi de ses journées Kasparov, pour devenir le plus grand joueur d'échecs de tous les temps ? »

ANONYME

Version optimiste

« Qui me répète tout le temps qu'il faut prendre la vie du bon côté ? »

ENORA

Version joueuse

« On parie ?! »

MATHILDE

L'ANTHROPOLOGUE VOUS DIT TOUT

Le jeu, c'est sacré !

Sais-tu que les Papous de Nouvelle-Guinée se servent du jeu de la scie pour faire pousser les ignames (légumes) ? Et c'est la ficelle qu'ils ont fait vibrer qui sert à tuteurer les plantes. De même, une autre tribu proche fait de la balançoire pour aider à faire sortir les pousses de terre. Le jeu est pour eux une occupation sacrée et doit être pratiqué à certaines périodes après les semailles, pour aider la végétation à pousser, etc.

Pourquoi ça m'arrive ?

Le jeu n'est pas le propre de l'humain : la plupart des jeunes mammifères jouent et ce faisant, ils apprennent tout ce qui leur sera utile plus tard à l'âge adulte, pour bien se comporter au sein du groupe. Le jeu a donc de nombreuses vertus éducatives et c'est exactement pareil chez l'humain. Que tu sois une fille ou un garçon, le jeu est donc intéressant : à rappeler d'urgence aux parents de Louise ! Peu importe que tu aimes tel jeu ou tel autre : il n'est pas inscrit dans tes gènes que tu doives préférer le football sous prétexte que tu es un garçon comme semble le penser Thibault. En fait, bien souvent, c'est l'éducation que tu as reçue de tes parents ainsi que le poids de la société qui laissent croire que certains jeux sont réservés aux filles et d'autres, aux garçons. Si tu es attiré par un jeu plutôt qu'un autre, c'est ton choix et ça se respecte !

Comment faire ?

Fais-toi plaisir, joue à ce qui te plaît sans te préoccuper de savoir si c'est un jeu de fille ou de garçon. Si tu le peux, alterne entre jeux d'intérieur et d'extérieur, jeux collectifs et jeux individuels, etc. car tous t'aident à développer des qualités différentes. Concernant le temps passé à jouer, cela ne dépend pas du fait que tu sois une fille ou un garçon, mais de l'équilibre à trouver entre tes autres activités – le collège, les devoirs, la vie de famille, le sport, les copains, etc. – et ton jeu favori. Tant que tu arrives à tout mener de front, il n'y a rien à redire. Mais si ton temps passé à jouer retentit sur tout le reste, là, ça devient un problème et tes parents ont raison d'intervenir. S'ils te reprochent de passer trop de temps à jouer, rappelle-leur que les sports de plein air (basket et rugby) sont bons pour la santé et bons pour ton cerveau ! Quant aux jeux vidéo, à petite dose, il est aussi prouvé qu'ils améliorent certains réflexes...

Vrai ou faux ?

On a retrouvé de nombreuses traces de jouets datant de l'Antiquité.

Vrai ! Mais c'est surtout au Moyen Âge que l'artisanat du jouet est né. Puis au XXe siècle, le jouet devient une véritable industrie. Si tes parents trouvent que ce n'est pas très sérieux, rappelle-leur que l'univers du jouet et du jeu génère des millions d'emplois dans le monde !

Pourquoi mon temps libre n'est pas libre ?

« **Mes copains regardent des émissions de télé-réalité**. En ce qui me concerne, ma mère ne veut pas car elle dit que **ça ramollit le cerveau** et je trouve qu'elle a raison ! Mais mes copains en parlent tout le temps et du coup, je ne peux pas participer à leurs discussions. »

Samuel, 11 ans

« Je suis fan d'une émission de télé-réalité mais mes parents ne l'aiment pas et m'empêchent de la regarder. Que dois-je faire ? »

Julien, 14 ans

Quelques réponses toutes prêtes…

Si tes parents te reprochent de t'intéresser un peu trop à la télé-réalité, tu peux toujours répondre :

Version éducative

« Je dois proposer des sujets d'exposé en français et j'aimerais proposer " le poids de la télé-réalité dans notre société ". Mais pour savoir si c'est un bon sujet, il faut bien que je suive ce type d'émission de très près ! »

Anonyme

Version mauvaise foi

« J'ai déjà appris des tas de trucs avec ce genre d'émission ! »

Océane

L'ANTHROPOLOGUE VOUS DIT TOUT

C'est quoi des loisirs ?

Dans les petits groupes humains, qui doivent survivre dans un environnement difficile, chacun a un rôle à jouer et l'initiative individuelle n'est pas encouragée. C'est le groupe qui est important et non la personne. Les désirs individuels sont sacrifiés au profit de l'intérêt communautaire. Le concept de liberté au sens où nous l'entendons n'existe pas !

Pourquoi ça m'arrive ?

Le temps libre correspond au temps qu'il te reste quand tu as exécuté toutes les tâches qu'il t'incombait de faire : études, devoirs, sport, participation aux tâches ménagères, etc. C'est donc du temps libre de tout rendez-vous, mais ce n'est pas forcément du temps libre pour faire n'importe quoi. Et c'est bien là toute la différence ! Car si tes parents considèrent par exemple que les émissions de télé-réalité sont du grand n'importe quoi (et il faut bien avouer qu'ils ne sont pas les seuls), ils ne vont pas être d'accord pour que tu les regardes. En général, le reproche fait à ces émissions est d'ériger en pseudo-stars des jeunes sans talent particulier et de les abandonner ensuite à leur triste sort (car au final, beaucoup retombent dans l'anonymat et le vivent très mal).

Comment faire ?

Plutôt que de te braquer d'emblée, essaie d'abord de comprendre quelles sont leurs motivations exactes. Est-ce qu'ils n'aiment pas ces émissions parce que les participants n'y font rien de bien intéressant ? Parce qu'ils s'embrouillent souvent et que tes parents trouvent que ce n'est pas un exemple ? Parce qu'ils trouvent que leur façon de parler et de s'habiller est particulièrement vulgaire ? Si c'est le cas, il y a moyen de discuter en leur expliquant que tu n'es pas dupe, mais que suivre de temps à autre ce type d'émission te permet de ne pas te sentir exclu comme Samuel, dans ton groupe d'amis. Si en plus, tu les rassures en regardant avec eux des émissions culturelles ou scientifiques, il y a des chances pour qu'ils lâchent un peu de lest. Parfois, les motivations de tes parents sont très différentes : ce n'est pas tant l'émission en elle-même qui les gêne que le temps que tu vas passer au final devant la télévision, au lieu de faire tes devoirs. Dans ce cas, à toi de leur démontrer que cela n'influe pas sur tes résultats en classe.

Vrai ou faux ?

La télé-réalité en France est arrivée près de trente ans après son invention aux États-Unis.

Vrai ! Notre pays a longtemps fait de la résistance puisque les premières émissions de télé-réalité datent de 2001 contre 1973 aux États-Unis. Du coup, quand ils étaient jeunes, tes parents n'ont jamais vu ce type de programme et il faut bien avouer que cela ne leur a pas manqué !

Pourquoi mes parents m'interdisent de me maquiller ?

« Toutes mes copines mettent du maquillage sauf moi et du coup certains élèves de 4e et de 3e se moquent de moi. En plus de ça, mon père dit que ça fait "pouffe" ! Aidez-moi s'il vous paît ! » **Yaël, 12 ans**

« J'ai l'impression que mes parents ne veulent pas me voir grandir. Je n'ai pas le droit de sortir, pas le droit d'aller chez des amis, d'avoir un portable... Ma mère ne veut pas non plus que je me "féminise", c'est-à-dire pas de maquillage, de sac à main et le pire, pas d'épilation. Comment leur faire comprendre que je n'ai plus 7 ans ? »
Clémence, 15 ans

Quelques réponses toutes prêtes...

Si tes parents te reprochent de t'être maquillée, tu peux toujours répondre :

Version « faudrait savoir »

« Rappelez-moi, c'est lequel de vous qui s'extasiait l'autre jour, sur la fille qui fait la pub d'un mascara ? »
Anonyme

Version comparative

« Venez voir les autres filles de l'école et on en reparlera après, OK ? »
Océane

Version la fille à sa mère

« Je ne me maquille pas, je prends modèle sur ma maman car je la trouve trop belle. »
Mathilde

L'ANTHROPOLOGUE VOUS DIT TOUT

Un look nature

Les tribus qui vivent dans la nature se maquillent avec ce qu'elles y trouvent: des plumes, des dents, des griffes, des ailes de coléoptères ou des coquilles d'œuf... Le maquillage ou le tatouage est pour leurs membres la norme. Mais ce n'est pas par souci esthétique. C'est pour signaler leur appartenance à un groupe. Si un Indien d'Amérique du Sud ne se peint ni le visage ni le corps, c'est qu'il veut se rendre invisible: il le fait s'il est malade et qu'il craint que les mauvais esprits le reconnaissent !

Pourquoi ça m'arrive ?

Se maquiller pour une jeune fille n'est pas un geste si anodin. Peut-être le fais-tu juste dans le but de te sentir plus belle ou de faire comme tes amies, mais pour tes parents, cela signifie que tu cherches à séduire, que tu veux attirer les regards des garçons sur toi et c'est sans doute cela qui est le plus dur à admettre pour eux. En effet, comme le dit Clémence, cela signifie bel et bien que tu n'as plus 7 ans… et qu'eux vieillissent également ! Enfin, te maquiller te donne quelques années de plus : tu risques donc de te faire draguer par des garçons ou des hommes plus âgés que toi, ce qui peut te mettre dans des situations très inconfortables. En effet, les attentes d'un homme de 20 ans ne sont pas les mêmes que celles d'une jeune fille de 12 ans.

Comment faire ?

Il ne faut pas tout changer d'un coup, mais y aller par petites touches, en commençant par ce qui est le moins visible : si Clémence s'épile les jambes et les aisselles, sa mère n'est pas obligée de le voir ! Pour Yaël qui n'a que 12 ans, il n'est pas non plus question d'en faire trop : du fond de teint, du fard à joues et du fard à paupières à cet âge, ça choque ses parents (et beaucoup d'autres), mais peut-être qu'un peu de mascara léger sur les cils ou un rose à lèvres très léger ne seraient pas gênants. Évidemment, si en parallèle, Yaël s'habille un peu trop « sexy », ça risque de mal passer alors que si elle garde le style jean tee-shirt par exemple, son père ne pourra plus l'accuser de faire « pouffe ». C'est vraiment une question de dosage et si toi non plus, tu ne veux pas te retrouver face à un refus catégorique de tes parents, commence par tenter des changements mineurs aux grandes occasions (fêtes, repas de famille, mariages, etc.) avant de le faire plus souvent. Si quelqu'un de la famille complimente tes parents sur la grande fille que tu es devenue, alors là, c'est gagné ! Dans tous les cas, garde la main légère : être trop maquillée, c'est largement pire que pas assez…

Vrai ou faux ?

Dans les magazines pour adolescentes, l'apparence prend trop de place.

Vrai et c'est un très sérieux rapport parlementaire qui le dit. Le contenu porte pour 65 % sur l'apparence des filles contre seulement 35 % consacrés au développement personnel et social. En gros, on veut faire croire aux filles que leur seule planche de salut, c'est de séduire des garçons : il faut dire que cette vision rétrograde de la fille et de la femme en arrange plus d'un, à commencer par tous les fabricants de produits de beauté !

Qu'est-ce que je peux faire avec un nom pareil ?

« En cours, tous **les élèves se moquent de moi** car ils disent que j'ai un prénom "de vieux". Ils m'appellent Germaine ou par des prénoms anciens... J'essaie de rentrer dans leur jeu, mais ça me fait mal au cœur. **Aidez-moi s'il vous plaît !** »
Anonyme, 13 ans

« **Mon nom de famille fait rire tout le monde.** Je voudrais en changer car **j'en ai assez des ennuis qu'il m'apporte**, mais mon père dit que c'était le nom de ses ancêtres et qu'il faut le respecter, quoi faire ? »
Anonyme

Quelques réponses toutes prêtes...

Si quelqu'un se moque de ton nom, tu peux toujours répondre :

Version clown
« Que veux-tu, dès ma naissance, je faisais déjà rire les infirmières ! »
Anonyme

Version « j'assume »
« L'avantage de mon nom, c'est qu'on le retient du premier coup. Rappelle-moi comment tu t'appelles, déjà ? »
Anonyme

Version positive
« C'est vrai qu'on a le sens de l'humour dans ma famille ! »
Charlotte

Version ironique
« Tu te moques encore des noms des autres à ton âge ?! Réveille-toi ! T'es plus en maternelle ! »
Mathilde

L'ANTHROPOLOGUE VOUS DIT TOUT

C'est quoi tes noms ?

Pour un Canaque de Mélanésie, un seul nom ne suffit pas pour désigner une personne. Il faut un nom qui dise de quelle lignée tu viens, un nom pour dire où tu te situes par rapport à tes frères et sœurs (cadet, aîné, etc.), un nom pour dire de quel territoire tu es. Par exemple, un grand chef peut s'appeler Mindia dans son gouvernement, Néja dans ses discours, Wepoe dans les légendes, Pevaduburu pour les sœurs de son père, Paxani pour son grand-père, Vao pour ses frères. Et il a en plus un nom sacré, Kakou, qui est son nom ancestral et que très peu de gens connaissent. Si quelqu'un arrive et demande à parler à Kakou, tout le monde est saisi de respect. Prononcer ce nom sacré, c'est appeler non seulement la personne présente du chef, mais aussi tout le passé des générations !

Pourquoi ça m'arrive ?

Des personnes avec des prénoms et/ou des noms « amusants », ce n'est pas ce qui manque et pour être tout à fait honnête, sans doute as-tu souri, toi aussi, en entendant un jour quelqu'un se présenter avec un nom à double sens. Parfois, ce n'est pas le nom qui est comique, mais son association avec le prénom : par exemple, il existe un nombre incalculable de Jean Bon et de Jean Bonneau ! Enfin, il arrive qu'un nom fasse rire à une période donnée, parce qu'il renvoie au personnage d'un film culte ou au candidat malheureux d'une émission ou à une publicité tournée en dérision. Il y a enfin tous ceux qui « trinquent » parce qu'ils portent le même nom et prénom qu'un tueur en série ou un barbare dont tout le monde parle aux actualités et là, cela peut vraiment leur porter préjudice, y compris sur le plan professionnel.

Comment faire ?

Ces moqueries sont énervantes, mais elles ne te visent pas toi en tant que personne : elles ne remettent pas en cause tes compétences, ni tes qualités et tu ne dois jamais l'oublier afin d'arriver à prendre un peu de recul. Toutefois, si tu estimes que ça va trop loin comme dans le premier témoignage, tu peux dire à tes amis que tu trouves que maintenant, la blague a assez duré et que ce n'est plus drôle. Tu peux enfin chercher un truc comique sur le nom de celui qui se moque le plus de toi et le lui dire sur le ton de la rigolade : en général, ça le calme car il n'a pas envie que ta blague lui colle à la peau. Il vaut mieux trouver une solution car pour ce qui est de changer de nom, ce n'est pas si simple. Si la demande ne vient pas de tes parents, il faut être majeur, en faire la demande officielle au procureur de la République dont tu dépends selon le lieu où tu habites et avoir une bonne raison pour le faire, faute de quoi, la demande sera refusée.

Vrai ou faux ?

Ton nom veut peut-être en dire long sur un de tes ancêtres !

Vrai ! Au Moyen Âge, il était fréquent d'appeler quelqu'un par sa caractéristique physique ou par un trait de son caractère. Ensuite, c'est resté et c'est comme ça que tu en as hérité !

Pourquoi les parents veulent tous qu'on soit premier de classe ?

« **Depuis mon entrée en 3e, j'ai des notes moyennes, avec une moyenne générale de 13. Le problème, c'est que les parents veulent 15 ! Si je n'y arrive pas, ils me retireront toutes mes activités... Je fais des efforts, mais ils ne les voient pas. Que faire ?** »

CLAIRE, 14 ANS

« L'année de 6e, j'avais 10 de moyenne en maths et depuis, mon père ne me lâche plus avec ça, tous les soirs dès que je rentre, même pas bonjour : on se met aux maths et ça finit toujours en pleurs ! J'ai l'impression qu'il ne m'aime plus et que je le déçois sans cesse. Au secours ! »

ANONYME

Quelques réponses toutes prêtes...

Si au niveau de tes notes, tes parents en veulent toujours plus, tu peux toujours répondre :

Version philosophique

« Vous êtes trop pessimistes : 10/20, c'est comme le verre à moitié vide ou à moitié plein. Vous ne voyez que le vide mais moi, je préfère voir le plein ! »
ANONYME

Version chansonnette

« Un jour, ma note viendra !... »
ZOÉ

Version chantage

« Mamie m'a proposé de me montrer tes bulletins... On compare ? »
ANONYME

L'ANTHROPOLOGUE VOUS DIT TOUT

Un tour du monde des notes

En France, on note sur 20 mais sais-tu qu'en Suisse on note sur 6 et au Japon sur 100 ? Chez les Anglo-Saxons, on ne met pas de notes, mais des lettres. Chez nous, c'est le 14 juillet 1840 que la loi sur l'évaluation au baccalauréat à l'aide de notes a été votée. Des boules de couleur devaient servir au jury des examens à donner leur avis : rouges pour favorable, noires pour défavorable, blanches pour l'abstention !

Pourquoi ça m'arrive ?

Les conflits autour des notes dans les familles, c'est malheureusement banal. Cela traduit souvent le fait que tes parents sont très angoissés pour ton avenir dans un contexte de crise persistante et, du coup, ils se sentent rassurés quand tu as de bonnes notes et stressés quand elles sont moyennes ou basses. Et certains parents, comme dans ces témoignages, sont clairement plus stressés que d'autres ! C'est d'autant plus dommage qu'une note en soi ne veut pas dire grand-chose : certains professeurs notant plus sévèrement que d'autres, une note devrait toujours être resituée dans un contexte. S'agissait-il d'un simple travail de restitution des connaissances ou d'un vrai travail de réflexion, quelle était la moyenne de la classe, etc. D'autre part, une note n'a de valeur que si on la compare aux précédentes : si tu restes stable ou si tu progresses, c'est moins soucieux que si tu es en chute libre. Enfin, il n'y a pas que les notes qui comptent : dans la vie, ceux qui s'en sortent le mieux n'ont pas forcément tous eu de bonnes notes au collège !

Comment faire ?

Si tes parents sont stressés au point d'en arriver à des comportements comme dans les témoignages, il va t'être difficile, sinon impossible, de les aider seul à prendre du recul. L'idéal est donc de faire intervenir un tiers : par exemple, si tu as un professeur avec qui le courant passe bien, explique-lui la situation et demande à tes parents de prendre rendez-vous. Peut-être saura-t-il trouver les mots pour les rassurer et relâcher un peu leur pression. Si tu te sens en difficulté et que c'est une source de conflits dans la famille, tes parents ne sont alors pas les mieux placés pour te donner des cours. Vois s'ils accepteraient que ce soit plutôt un tiers ou encore, si tu as l'impression d'être en difficulté, demande-leur à passer un bilan avec un psychologue qui connaît bien la problématique de l'échec scolaire. Enfin, si tu te sens plus attiré par un métier manuel que par de longues études, dis-le clairement à tes parents et renseignez-vous sur les filières existant dans le(s) domaine(s) qui t'intéresse(nt) : elles peuvent offrir d'excellentes perspectives d'insertion dans la vie professionnelle.

Vrai ou faux ?

Autrefois, une mauvaise note était considérée comme une punition.

Vrai ! Un arrêté datant de 1890 classait la mauvaise note parmi les punitions autorisées, au même titre que le devoir à refaire ou la retenue en classe ! Avec un tel passé historique, il n'est pas très étonnant que les parents aient la pression !

Comment gérer quand on est mal organisé ?

« Je ne peux pas m'empêcher de tout faire à la dernière minute, ce qui provoque beaucoup de disputes avec mes parents. J'ai pourtant essayé de m'y prendre à l'avance, mais tant que je ne suis pas dans l'urgence, c'est plus fort que moi, je n'y arrive pas. »
ANONYME

« L'idée d'avoir plein de professeurs différents à l'entrée au collège me fait peur, notamment pour les devoirs : je crains de ne pas savoir comment m'y prendre pour m'organiser… » ANONYME

Quelques réponses toutes prêtes…

Si tes parents trouvent que tu n'es pas assez organisé, tu peux toujours répondre :

Version gestionnaire
« Vous vouliez me parler ? Attendez, je regarde dans mon agenda quand j'ai un créneau de libre, mais cette semaine, ça ne va pas être possible ! »
ANONYME

Version dicton
« Telle mère, telle fille ! »
LUCIE

Version philosophique
« C'est le résultat qui compte ! »
ANONYME

L'ANTHROPOLOGUE VOUS DIT TOUT

L'emploi du temps d'Hercule

Le roi grec Eurysthée avait confié à Hercule douze tâches réputées irréalisables : étrangler le lion de Némée, tuer une hydre à neuf têtes, ramener vivants une biche aux pieds d'airain et un sanglier féroce, nettoyer en un seul jour des écuries immenses, détruire des oiseaux monstrueux dont le bec, les griffes et les ailes étaient de fer, capturer le taureau de Crète et des juments qui se nourrissaient de chair humaine, reprendre une ceinture à Hippolyte, la cruelle reine des Amazones, s'emparer des bœufs d'un géant à trois corps, d'un monstre à trois têtes, voler des pommes d'or dans le jardin des Hespérides gardé par un serpent effroyable et enfin maîtriser Cerbère, le chien qui gardait les Enfers. Comme il était fort et très bien organisé, il a tout réussi !

L'AVIS DU DOC

Pourquoi ça m'arrive ?

C'est comme tout : l'organisation, ça s'apprend ! Ne te réfugie pas derrière de faux prétextes du style « je suis né comme ça » ou « c'est dans mon caractère ». C'est vrai, on s'organise avec plus ou moins de facilité, mais ça demande toujours de faire des efforts. Quelqu'un de bien organisé est même capable d'assumer le quotidien et l'imprévu, sans se mettre en panique. Autre avantage : quand tes parents s'aperçoivent que tu es bien organisé, ils ont davantage tendance à te faire confiance. Du coup, si tu es invité à une super fête, comme ils savent que tes devoirs n'en pâtiront pas, ils seront plus enclins à te donner leur accord (et s'ils ne le font pas, c'est un bon argument pour les convaincre !).

Comment faire ?

Si tu prends l'habitude de ranger tes affaires pour savoir où elles se trouvent et de faire tes devoirs au fur et à mesure – surtout si tes profs te les donnent avec plusieurs jours d'avance –, cela t'évitera de perdre des heures à chercher ton compas dans une chambre en bazar ou de te retrouver avec des tonnes de devoirs à faire au dernier moment. Si tu aimes écouter la musique en rentrant, prends donc dix minutes par jour pour ranger tes affaires en même temps : ce n'est pas très contraignant et ça t'évite d'avoir à y consacrer un après-midi entier ! Pour t'y retrouver dans ton travail scolaire, note tout ce que tu as à faire dans ton agenda : si un de tes professeurs te donne un devoir pour le lundi suivant, note-le à la date du lundi, c'est-à-dire à la date où tu dois le rendre (et non pas à la date à laquelle il te donne le devoir). Ainsi, en feuilletant ton agenda, tu verras d'un seul coup d'œil ce que tu as à faire et dans quel ordre. Prends également le temps de surligner ce que tu as déjà fait : ce qu'il te reste à faire se repérera plus facilement. Enfin, dis-toi bien que c'est plus facile pour ton cerveau de travailler un peu tous les jours aux mêmes heures car il est alors conditionné pour cela et s'y met sans trop d'effort. Avec un minimum d'organisation, tout va s'arranger !

Vrai ou faux ?

On peut être mal organisé quand on est trop perfectionniste !

Vrai ! Comme les perfectionnistes trouvent toujours qu'ils pourraient faire mieux, ils ont du mal à passer à autre chose et au final, ils se mettent en retard pour tout. Leur problème, ce n'est donc pas qu'ils sont mal organisés, mais plutôt qu'ils ont du mal à lâcher prise tellement ils sont anxieux de ne pas tout faire comme il faut. Ceux-là ont besoin d'être rassurés, parfois avec l'aide d'un psychologue quand leur stress est trop lourd à porter.

Amour : pourquoi j'aime trop ou pas assez ?!

« Il y a environ deux ans, je suis sorti avec une fille que j'ai larguée parce que je pensais ne pas l'aimer assez. Maintenant je l'aime vraiment et je ne sais plus quoi faire ! » ROMAIN, 14 ANS

« Depuis hier, **je sors (pour la première fois) avec un garçon** que j'avais l'impression d'aimer beaucoup. Mais aujourd'hui, je l'ai vu, on s'est embrassés, et **ce n'est pas magique.** Je me sens mal à l'aise. **Il m'aime "trop" !** Je me sens perdue... »
ÉMILIE, 14 ANS

Quelques réponses toutes prêtes...

Si ton âme sœur te demande si tu l'aimes et que tu ne sais pas où tu en es, tu peux toujours dire :

Version futée

« Si je te le dis, tu ne feras plus d'effort pour me séduire et moi, j'aime bien quand tu es tout mignon avec moi ! »
ANONYME

Version je gagne du temps

« Ça mérite réflexion ! »
OCÉANE

Version devinette

« Devine ! »
ANONYME

L'ANTHROPOLOGUE VOUS DIT TOUT

La bonne distance

Freud, le célèbre psychanalyste, illustrait la bonne distance en amour avec cette histoire. En hiver, les porcs-épics ont froid. Ils cherchent à se rapprocher de leurs congénères pour avoir plus chaud. Mais alors, les piquants de leurs voisins s'enfoncent dans leur chair, ça leur fait mal. Ce qui fait qu'ils s'éloignent, et de nouveau ils ont froid. Donc ils oscillent sans arrêt entre deux dangers : l'étreinte trop forte ou la solitude trop dure. Petit à petit, ils arrivent à trouver la bonne distance, celle où ils sont assez près les uns des autres pour se réchauffer sans se faire mal !

Pourquoi ça m'arrive ?

Dans les films qui ont bercé ton enfance, les amoureux ont un coup de foudre et savent au premier regard qu'ils sont faits l'un pour l'autre. Leur baiser est magique et à aucun moment ils ne sont saisis par le doute ! Du coup, si comme Romain ou Émilie, tu passes par des phases d'incertitude, tu penses que le problème vient de toi ou alors, que ton amour n'est pas à la hauteur. En réalité, l'amour n'est pas si simple, et ta réaction est tout à fait normale. Dis-toi bien que des coups de foudre réciproques comme dans Walt Disney, ce n'est pas si fréquent ! Te poser des questions est même une réaction plutôt saine : en effet, durant toute cette période où tu n'es pas trop sûr de toi, tu apprends à découvrir l'autre, ses qualités, ses défauts et pas seulement son physique : de quoi te forger une opinion plus sincère qui est la clé des relations durables. En effet, pour s'aimer longtemps, il faut avoir des idées, des envies, des rêves à partager et une vision assez proche de ce qui compte le plus pour chacun de vous.

Comment faire ?

Peut-être devrais-tu essayer de ne pas précipiter les choses : sortir avec une fille (ou un garçon), ce n'est pas si anodin. Mais s'il est déjà trop tard et que tu regrettes ce qu'il s'est déjà passé entre vous, le mieux est d'être le plus sincère possible avec l'autre : Romain peut dire à son ex que la nature de ses sentiments pour elle a changé, car il a appris depuis à mieux l'apprécier pour ce qu'elle est vraiment. Émilie peut expliquer à son copain que cela va un peu vite pour elle et que ça la met mal à l'aise. C'est beaucoup plus sain que de te forcer à faire ce dont tu n'as pas envie ou de prendre une décision trop hâtive.

Vrai ou faux ?

Un premier amour, ça marque à vie !

Vrai et faux : en fait, il n'y a pas de règle. Et si on estime autour de 30 % le nombre de personnes mariées à leur premier amour ou qui y pensent très souvent, cela en fait tout de même plus des deux tiers qui ont tourné la page. Heureusement pour ceux qui arrivent à la suite, d'ailleurs !

Copain-copain ou petit ami ?

« À l'école, j'ai un ami. Comme on regarde les mêmes vidéos sur le Net, on passe beaucoup de temps ensemble et on rit. Mais tous les élèves de notre classe se moquent de nous en prétendant qu'on est amoureux, alors que c'est faux ! **J'ai essayé de les ignorer**, mais ils continuent, hélas ! »

Lucie

« Il y a un mois, mon meilleur ami m'a demandé de sortir avec lui mais j'ai dit non et maintenant je regrette beaucoup mon refus, que faire ? »

Anonyme

Quelques réponses toutes prêtes…

Si tes parents ne veulent pas croire en l'amitié garçon-fille, tu peux toujours leur dire :

Version rira bien qui rira le dernier

« Ah bon, alors quand maman dit qu'elle rit beaucoup avec son collègue, ça veut dire que c'est louche ? »

Anonyme

Version dicton

« Tout est possible car il faut de tout pour faire un monde ! »

Charlotte

L'ANTHROPOLOGUE VOUS DIT TOUT

« Je t'aime » en grec

Philotès, dans la Grèce ancienne, était en même temps la déesse de l'amitié et des rapports sexuels. C'était la fille de Nux, la nuit, parce que l'amour a aussi des aspects cachés. La racine *-phil-*, en grec, signifie à la fois l'amour et l'amitié. Si tu veux dire « Je t'aime » en grec, tu dis *Ego philo su !*

L'AVIS DU DOC

Pourquoi ça m'arrive ?

En fait, ça arrive à énormément de monde ! Quand tu as de l'amitié pour quelqu'un, tu prends d'abord le temps de découvrir sa personnalité et vous tissez ensemble une vraie complicité. Comme, à l'adolescence, il change physiquement et toi aussi, tu peux soudain t'apercevoir que cette personne te fait complètement craquer ! Tu te retrouves alors pris entre deux sentiments contradictoires : ne rien lui avouer de peur de mettre en péril votre belle amitié ou lui déclarer ta flamme avec l'espoir que tes sentiments sont partagés. Et ce n'est pas une mauvaise stratégie car les sexologues estiment que lorsqu'une amitié solide a précédé un amour, elle augmente plutôt les chances que cette relation amoureuse dure dans le temps. En effet, un ami sait ce que tu as dans la tête mieux que quiconque puisque vous avez passé beaucoup de temps à vous confier l'un à l'autre.

Comment faire ?

Si, comme Lucie, tu en as assez que l'on dise que toi et ton ami êtes amoureux, il y a deux solutions : soit d'un commun accord avec ton ami, tu dis que c'est vrai et tu coupes l'herbe sous le pied des moqueurs. Soit tu n'as pas envie de dire cela, même pour rire et, dans ce cas, vous faites courir le bruit tous les deux que vous êtes amoureux de quelqu'un d'autre, par exemple (ou toute autre histoire qui va détourner l'attention des moqueurs). Enfin, si comme dans le second témoignage tu as pris une décision par rapport à ton meilleur ami que tu regrettes aujourd'hui, la seule chose à faire est de lui en parler à cœur ouvert : en effet, si c'est un ami, il peut comprendre ! N'attends pas trop quand même car si tu lui as dit « non » une première fois, il peut se dire qu'il n'a aucune chance et une fois passée sa déception, tomber amoureux de quelqu'un d'autre...

Vrai ou faux ?

L'ambiguïté entre amour et amitié se voit surtout à l'adolescence.

Faux ! Il n'y a qu'à regarder les forums de discussions consacrés à ce thème pour se rendre compte que ça arrive à tout âge et que les adultes sont aussi désemparés que les ados, en pareille circonstance.

Amour impossible, comment faire ?

« Je suis amoureuse de mon professeur de SVT depuis maintenant trois ans et je sais que c'est vraiment de l'amour. Je n'arrive pas à l'oublier, même si je sais très bien que rien ne sera jamais possible ! Aidez-moi, car cela me rend très triste. » ANONYME

« Je suis amoureuse d'un garçon, mais il ne m'aime pas parce qu'il préfère les petites blondes aux yeux bleus et que je suis grande avec les cheveux noirs et les yeux marron. Je ne peux pas imaginer ma vie sans lui, comment faire ? » ÉMILIE

« Au collège, il y a un pion que j'aime. Comment savoir si il a des sentiments pour moi et est-ce si grave d'aimer quelqu'un de plus vieux ? » ELSA, 14 ANS

Quelques réponses toutes prêtes…

Si tes amis te demandent de qui tu es amoureux, tu peux toujours répondre :

Version 007

« Secret d'État ! »
ANONYME

Version devinette

« Devine et tu gagnes le droit de te taire ! »
FANNY

Version fable de La Fontaine

« Amour, amour, quand tu nous tiens… »
MATHILDE

L'ANTHROPOLOGUE VOUS DIT TOUT

Un cœur de pierre

Dans la mythologie grecque, la légende veut que Pygmalion, roi de Chypre, ait été un grand sculpteur et qu'il ait voulu créer la statue d'une femme parfaite. Si parfaite qu'il en est tombé amoureux ! Il n'arrêtait pas de l'embrasser et de la serrer dans ses bras. Il l'avait même couchée dans son lit ! À tel point que la déesse Aphrodite a eu pitié de lui et l'a transformée en une vraie femme, qu'il a pu épouser…

L'AVIS DU DOC

Pourquoi ça m'arrive ?

Tu ne choisis pas de qui tu vas tomber amoureux, donc forcément, ça peut aussi tomber sur la « mauvaise » personne. C'est le cas si elle est beaucoup plus âgée que toi (un professeur et son élève en l'occurrence) ou si c'est une personne déjà en couple et heureuse, ou encore si, de toute évidence, tu n'as aucune chance de lui plaire. Lorsque tu ne tombes amoureux que de personnes avec qui il ne se passera jamais rien, c'est peut-être le signe qu'au fond de toi, inconsciemment, tu n'as pas vraiment envie de te lancer dans une aventure amoureuse. Cela peut s'expliquer si tu as vu l'un de tes parents faire une grave dépression à la suite d'un divorce difficile, par exemple : il a tellement souffert que tu as peur qu'il t'arrive la même chose. En tombant alors amoureux de quelqu'un d'inaccessible, tu te préserves de cette souffrance... mais pas de la souffrance de ne pas être aimé en retour, comme dans les trois témoignages.

Comment faire ?

Comme tu ne peux pas obliger l'autre à t'aimer, deux possibilités s'offrent à toi. Soit tu te dis, comme Émilie, que certes tu ne correspondras jamais aux critères physiques du garçon, mais tu cherches à compenser par l'humour, la gentillesse, la bonne humeur, etc. jusqu'à le faire craquer. Soit la situation est vraiment trop compliquée comme dans le premier témoignage et tu apprends à l'oublier au moins jusqu'à ta majorité. Pour cela, passe plus de temps avec d'autres jeunes de ton âge, quitte à te trouver une nouvelle activité ludique, créative ou sportive, et force-toi à sortir. Au début, cela t'ennuiera, puis tu y prendras un peu de plaisir et le temps fera le reste. Si, malgré tous tes efforts, rien n'y fait et que tu te sens vraiment trop triste, il peut être utile de te faire aider par un médecin et/ou par un psychologue.

Vrai ou faux ?

La loi interdit les relations entre personnel éducatif et élèves.

Vrai ! Un professeur qui entretient une relation sexuelle avec un mineur s'expose à des poursuites judiciaires et ce n'est guère plus autorisé pour un pion.

Comment savoir si c'est vraiment de l'amour ?

« *Pourquoi j'ai peur de dire à ma mère que je suis amoureuse ?* » ARMELLE

« Je suis récemment tombée amoureuse d'un garçon. C'est différent des autres garçons pour lesquels j'avais déjà eu des sentiments, il y a quelque chose en plus. Lui aussi éprouve des sentiments pour moi, mais j'ai 13 ans et lui en a 16. Je n'ose pas sortir avec lui de peur qu'on l'insulte et lui a peur que mes parents se fâchent. Comment faire ? » LÉA, 13 ANS

« Mes parents ne veulent pas que je sorte avec une fille (même pas que je lui fasse la bise). Or, j'en aime une, comment faire ? » ANONYME, 13 ANS

« Je crois que j'aime un garçon, mais je ne suis pas sûre, comment savoir si c'est vraiment de l'amour ? »

LOU, 12 ANS

Quelques réponses toutes prêtes...

Si tes parents te bombardent de questions pour savoir si tu es amoureux, tu peux toujours répondre :

Version tac au tac

« Et vous ? Vous aviez quel âge quand vous êtes tombés amoureux pour la première fois ? »
ANONYME

Version mimi

« Je vous aime, ça ne vous suffit pas ? »
ADÈLE

Version je ne parlerai qu'en présence de mon avocat

« RAS (RIEN À SIGNALER !) »
MATHILDE

L'ANTHROPOLOGUE VOUS DIT TOUT

Le portrait de l'amour

Éros, dieu de l'Amour, était le plus beau des dieux grecs de l'Olympe. Il est décrit comme un adolescent grave, qui a des mains petites mais dont les flèches, vont aussi loin que la mort, contre lesquelles il n'existe aucune défense. Parfois, on le représente aveugle parce que l'amour l'est aussi. Et il aime autant les femmes que les jeunes gens !

Pourquoi ça m'arrive ?

Pour répondre à Lou et à Lucie, si tu penses toujours à la même personne, que tu attends impatiemment de la croiser et que, lorsque cela arrive, ton cœur s'accélère, tu rougis éventuellement ou tu ne sais plus trop quoi dire, c'est probablement que tu es amoureux. D'ailleurs, tomber amoureux à l'adolescence, c'est normal, naturel et ce ne sont pas tes parents qui peuvent décréter s'ils t'y autorisent ou pas ! Toutefois, s'ils ne peuvent pas empêcher tes sentiments, ils peuvent avoir peur que si tu as un petit ami, tu penses davantage à passer du temps avec cette personne qu'à tes devoirs. De plus, le simple fait que tu sois amoureux les renvoie à l'idée que tu as bien grandi, et donc qu'eux-mêmes ont vieilli. Enfin, si tu es du genre entreprenant ou si c'est ta conquête qui l'est (notamment en raison d'une différence d'âge comme pour Léa), ils peuvent avoir peur que tu aies un rapport sexuel, avec les risques que cela comporte : grossesse ou maladie infectieuse si tu ne te protèges pas.

Comment faire ?

Être amoureux, c'est très personnel et intime. Tu peux estimer que cela ne regarde pas spécialement tes parents et que c'est ton jardin secret. Ou encore, en parler à un seul de tes parents – celui à qui tu as l'habitude de te confier –, ou bien à un frère ou une sœur dont tu es proche. À toi de voir ! Mais si tu te confies à tes parents, tu as intérêt à leur prouver que leurs craintes sont infondées, afin qu'ils te laissent voir l'élu de ton cœur. Pour cela, tu peux par exemple les rassurer en leur montrant que tes études restent importantes pour toi – ou mieux, que ton âme sœur t'aide à réviser ! – et que tu apprécies encore de passer du temps avec eux. Bref, rassure-les !

Vrai ou faux ?

Tout le monde connaît au moins un coup de foudre dans sa vie.

Faux, pas forcément ! Certaines personnes n'en connaîtront jamais, ce qui ne les empêche pas de tomber amoureuses et d'avoir une relation pleinement épanouissante. À l'inverse, d'autres en connaîtront plusieurs…

Le premier bisou, c'est pour quand ?

« J'ai 13 ans et **je n'ai encore jamais eu de " premier bisou " ni de petit ami d'ailleurs**. Dans mon collège, **j'ai des amies qui sortent avec des garçons** qui les embrassent, mais moi ça ne m'est jamais arrivé, **est-ce grave ?** »

Anonyme

« Je cherche l'élu de mon cœur ! Comment faire pour trouver celui qui me convient parfaitement, est-ce un baiser qui me dira que c'est le bon ? »

Anonyme

« **Je suis célibataire** et j'ai peur que ça dure toute ma vie, qu'**aucune fille ne s'intéresse jamais à moi**. Je suis timide et **personne ne me remarque**... »

Anonyme

Quelques réponses toutes prêtes...

Si on te demande si tu as déjà embrassé quelqu'un, tu peux toujours répondre :

Version moqueuse

« Pourquoi, tu veux que je t'explique ? »

Anonyme

Version ironique

« Oui, j'ai fait un gros bisou à ma maman ce matin ! »

Enora

Version ne perd pas le nord

« T'es intéressé ? »

Mathilde

L'ANTHROPOLOGUE VOUS DIT TOUT

La honte du célibat

Avoir le plus d'enfants possible est indispensable à la survie des petites sociétés, c'est pourquoi le célibat est très mal vu dans les tribus. Chez les Katchin de Birmanie, un célibataire n'a droit toute sa vie qu'à un minimum de nourriture, juste de quoi survivre. Et quand il meurt, les jeunes gens ne vont pas à son enterrement de peur de ne pas trouver de femme. Seuls les vieux y assistent et ils exécutent toutes les danses funéraires à l'envers !

L'AVIS DU DOC

Pourquoi ça m'arrive ?

À 14 ans, la moitié des adolescents a échangé son premier baiser. Cela signifie qu'une autre moitié ne l'a pas fait : ne pas avoir embrassé de garçon ou de fille à 13 ans est donc tout à fait normal. Il ne faut pas croire tous ceux qui se vantent de leurs exploits et de toute façon, ce n'est pas un concours de vitesse ! C'est plutôt une question de tempérament : les ados timides et/ou peu sûrs d'eux, ainsi que ceux qui ont peur des échecs et, enfin, qui préfèrent attendre d'être très amoureux, retardent souvent ce moment. Ce n'est pas une perte de temps, bien au contraire puisque pendant cette période, ils font travailler leur imaginaire. Enfin, ne pense pas comme dans le dernier témoignage que personne ne t'embrassera jamais sous prétexte que tu es timide : c'est plutôt que quelqu'un d'encore plus timide que toi, peut-être, n'ose pas non plus se déclarer.

Comment faire ?

De façon générale en amour, tu ne dois pas chercher à faire comme tout le monde, mais à faire ce dont tu as envie toi, à ton rythme. Un premier baiser, c'est important – ça te fait passer du monde de l'enfance à celui de grand adolescent – et si tu embrasses la première bouche qui s'offre à toi, sans éprouver de sentiments amoureux envers la personne, tu risques d'être très déçu. Et puis tu peux blesser profondément l'autre et le faire souffrir s'il attendait davantage de cette relation. En revanche, ne te pose pas trop de questions « techniques » : beaucoup d'ados se demandent s'ils sauront s'y prendre, alors que tout ce qui compte lorsque ce moment arrive, c'est d'être dans les bras l'un de l'autre et de s'embrasser comme bon vous semble ! Et puis si le premier baiser est un peu timide, mieux vaut en rigoler, le suivant sera certainement mieux jusqu'à ce que vous les appréciiez vraiment ! Derrière ce baiser, il y a tout le symbole : s'embrasser sur la bouche, c'est aussi sortir ensemble, se faire des confidences, se voir souvent... Mais pour ce qui est de savoir si c'est l'élu(e) de ton cœur, c'est encore un peu tôt. Pour faire des projets d'avenir ensemble, il en faut un peu plus qu'un simple baiser !

Vrai ou faux ?

Au Moyen Âge, les chevaliers s'embrassaient sur la bouche.

Vrai, à condition qu'ils soient amis ! Non seulement les chevaliers se vouaient une profonde affection, mais en plus, cette dernière avait un caractère sacré où la fidélité n'était pas un vain mot !

Comment acheter des préservatifs incognito ?

« *Avec ma copine on voudrait acheter des préservatifs mais on ne voudrait pas que les gens nous voient car dans notre village, tout le monde se connaît.* »
Anonyme, 14 ans

« **Je pensais acheter des préservatifs sur Internet**, mais un copain me dit qu'**il y a des contrefaçons** et que si je tombe dessus, c'est comme si je ne mettais rien. **C'est vrai ?** » **Anonyme**

« Pourquoi dit-on qu'il faut se protéger avec un préservatif et avec la pilule en même temps ? Ça ne fait pas doublon ? » Anonyme

Quelques réponses toutes prêtes…

Si des copains du genre moqueurs te demandent quelle taille de préservatif tu fais, tu peux toujours répondre :

Version j't'embrouille
« Taille homme ! »
Anonyme

Version vantarde
« La taille qui va bien ! »
Anonyme

Version diplomate
« Je préfère ne pas répondre pour ne pas faire de jaloux ! »
Anonyme

L'ANTHROPOLOGUE VOUS DIT TOUT

Un légume pilule !

Dans les îles Trobriand en Mélanésie, au large de l'Australie, l'aliment principal était le yam, un légume racine qui ressemble à la patate douce et qui contient de la progestérone, une substance contenue dans la pilule ! Cela pourrait expliquer le fait que les Trobriandais avaient parfois du mal à avoir des enfants…

Pourquoi ça m'arrive ?

Lorsque vous vous sentez prêts tous les deux à faire l'amour, se préoccuper de l'achat des préservatifs et de la prise d'une pilule contraceptive est plutôt une preuve de maturité. Personne n'a donc à t'en tenir rigueur. Il faut tout de même faire attention à ne pas passer à l'acte juste pour faire comme d'autres, et à ne pas faire pression sur ton partenaire car c'est vraiment un grand pas dans le monde des adultes : c'est d'ailleurs pour cela que ça concerne plutôt des lycéens ou des étudiants que des collégiens ! Même si ton histoire d'amour ne rime pas forcément avec toujours (seul l'avenir le dira), ce premier rapport risque de te marquer toute ta vie, en bien ou en moins bien. En plus, sous l'effet du stress, il est possible de ne pas ressentir de plaisir, du moins pas autant que tu l'avais imaginé : il ne faut donc pas t'en formaliser (cela ne veut pas dire qu'il ou elle ne t'aime pas, ou encore, que tu as un problème). Bien souvent, cela s'arrange avec le temps et avec l'expérience. Il faut juste apprendre à mieux connaître ton corps, ce que tu aimes ou pas, etc. Pour diminuer le stress au moment clé, c'est également plus facile si tu t'es déjà entraîné (pour un garçon) à mettre des préservatifs. Pense bien à pincer le réservoir entre le pouce et l'index pour chasser l'air quand tu le mets, sous peine de déchirure.

Comment faire ?

Si, comme dans le premier témoignage, tu n'as pas moyen d'aller dans la pharmacie d'un autre village ou au rayon parapharmacie d'une grande surface en toute discrétion, il te reste la solution de l'achat en ligne. Pour être certain de ne pas tomber sur une contrefaçon, achète uniquement à une pharmacie française proposant de la vente en ligne et répertoriée par le ministère de la Santé (liste sur www.sante.gouv.fr/sites-autorises-pour-la-vente-de-medicaments-sur-internet. 13563.html). Les préservatifs étant très efficaces contre les maladies sexuellement transmissibles, mais moins efficaces contre la grossesse non désirée, il faut tabler sur un autre moyen contraceptif plus efficace, comme la pilule par exemple. Pour cela, tu as le Planning familial : la consultation médicale y est gratuite et tu peux y trouver toutes les informations nécessaires sur la contraception.

Vrai ou faux ?

Un jeune sur trois n'utilise jamais de préservatifs.

Vrai. Ce chiffre alarmant dévoilé par une mutuelle étudiante montre qu'il y a encore beaucoup à faire pour que le recours au préservatif soit systématique. Ça ne devrait pas être une honte d'en acheter, mais plutôt la honte de ne pas en mettre !

Comment lui faire comprendre que je l'aime ?

« J'aime une fille qui a deux ans de moins que moi. Le problème c'est que je ne connais que son prénom et c'est tout. Pourriez-vous me donner quelques conseils pour gagner son cœur ? » Nicolas, 14 ans

« Je suis amoureux d'une fille mais je ne sais pas comment lui dire. J'hésite à le lui avouer par SMS. Comment faire pour ne pas prendre un râteau ? » Stéphane

« Je suis amoureuse d'un garçon de ma classe : on ne fait que se regarder, on se parle souvent. La fin de l'année approche et j'ai peur de passer à côté de quelque chose mais j'ai très peur de lui dire et j'ai peur du regard des autres... » Mathilde, 14 ans et demi

« J'aime un garçon mais je ne sais pas si lui, il m'aime, alors comment faire sans le harceler ? » Anonyme, 12 ans

Quelques réponses toutes prêtes...

Si la personne que tu aimes t'adresse la parole et que tu veux lui faire une déclaration, tu peux toujours répondre :

Version je croise les doigts

« C'est mon jour de chance ! »
Anonyme

Version je me lance

« Mon horoscope m'a dit que j'aurai un copain avant la fin de la journée... T'y crois, toi ? »
Anonyme

Version je tâte le terrain

« Comment réagirais-tu si quelqu'un te disait qu'il t'aime, là, tout de suite ?! »
Anonyme

L'ANTHROPOLOGUE VOUS DIT TOUT

Aimer comme un Indien

Les Indiens chiriguano se marient par amour et manifestent ouvertement leurs sentiments intimes. Un voyageur qui les visitait a pu observer un couple d'amoureux : ils étaient assis l'un à côté de l'autre et se regardaient pendant des heures comme s'ils voulaient s'hypnotiser ! Les Chiriguano ne connaissent pas le baiser. Les mères n'embrassent pas leurs enfants mais elles sucent leur peau et désignent cette pratique par le mot *ipitte*, qui veut dire « goûter ».

Pourquoi ça m'arrive ?

C'est normal de tomber amoureux à l'adolescence, et comme c'est nouveau pour toi, c'est aussi normal de ne pas trop savoir comment t'y prendre (cela dit, certains adultes n'y arrivent pas non plus !). Il y a toujours une part de risque en amour : tu ne peux pas savoir si l'autre a les mêmes sentiments que toi, tant que tu ne lui as pas posé la question. Et si tu ne le fais pas, tu prends le risque de passer à côté d'une belle histoire. À toi de voir quel risque tu veux prendre ! Ne pense pas que ceux qui osent poser la question et bénéficient d'une réputation de super dragueurs réussissent à tous les coups. Eux aussi ont connu des refus. Simplement, ils sont capables d'accepter l'idée que ça ne marchera pas à chaque fois et de rebondir sur une autre histoire : tu ne peux pas forcer quelqu'un à t'aimer, alors s'il te dit non, cesse de te morfondre et passe à autre chose !

Comment faire ?

Si tu craques simplement sur le physique de quelqu'un, sans rien connaître de lui, tu risques de ne pas trop être crédible ! Le minimum est d'en apprendre davantage sur lui et pour cela, le plus simple est quand même de lui parler. Si tu es trop timide pour t'adresser directement à lui, demande à tes meilleurs amis de t'aider à aborder son groupe d'amis. Il te sera ensuite plus facile de lui parler, puis, petit à petit, de faire un bout de trajet ensemble et/ou d'échanger des impressions, de parler de vous, etc. Se montrer gai, attentionné, avoir de l'humour, ça peut aussi aider à ce qu'il apprécie de plus en plus ta présence. Il est alors plus facile de lui faire des allusions pour savoir s'il aimerait avoir une relation amoureuse avec toi, de préférence quand il est seul. Tu peux aussi le faire par écrit (SMS ou mail) si tu te sens plus à l'aise, mais tu prends alors le risque que ton mot soit montré à d'autres ou de casser ton effet si tu fais trop de fautes d'orthographe et que c'est un as en français !!! En revanche, il n'y a pas de mal à le faire : c'est même une marque de courage !

Vrai ou faux ?

En amour, filles et garçons sont plutôt sur la même longueur d'onde.

Vrai ! Selon une enquête IPSOS de 2014 pour la Fondation Pfizer, pour 91 % des ados, ce qui compte avant tout, c'est d'aimer et d'être aimé en retour.

Entre les deux, mon cœur balance !

« **Je suis amoureuse de deux garçons en même temps. L'un rigole avec moi, me raconte des secrets, des blagues et on se complète, mais l'autre est très attentionné, gentil et ne se confie qu'à moi. Que faire ?** » ÉMILIE

« **Je suis amoureuse de mon nouveau copain, mais j'ai encore des sentiments pour mon ex.** On était ensemble l'année dernière et en vacances, il a rencontré une autre fille qu'il a quittée depuis. Souvent, **je me demande ce qu'il se passerait si on était encore ensemble** et pourtant, je n'ai pas envie non plus de quitter mon copain pour lui. **Pourquoi est-ce si difficile de choisir ?** » ANONYME

Quelques réponses toutes prêtes…

Si tes deux amours veulent savoir lequel tu préfères, tu peux toujours répondre :

Version zéro embrouille

« J'ai donné ma langue au chat, vous n'avez qu'à le lui demander ! »
ANONYME

Version équitable

« Une moitié de cœur chacun ! »
OCÉANE

Version pirouette

« Vous deux… à des moments différents ! »
ANONYME

L'ANTHROPOLOGUE VOUS DIT TOUT

Plusieurs maris

Chez les populations tibétaines de l'Himalaya comme au Bhoutan qui se situe entre l'Inde et la Chine, il existe encore une tradition de polyandrie (femme qui a plusieurs maris). Souvent, la femme épouse tous les garçons d'une même famille, c'est-à-dire tous les frères ! Une situation rare. Près de 80 % des ethnies étudiées dans le monde pratiquent la polygamie, (une personne qui a plusieurs conjoints), mais la plupart du temps, c'est l'homme qui possède plusieurs femmes !

L'AVIS DU DOC

Pourquoi ça m'arrive ?

Quand tu éprouves une difficulté pour choisir entre deux garçons, comme Émilie, c'est que ta peur de faire le « mauvais » choix est plus grande que le désir d'en faire un tout simplement ! Or la vie est faite de prises de risques à travers des décisions que, parfois, tu regretteras. Faire un choix, c'est donc aussi grandir. C'est accepter de ne pas pouvoir tout avoir, tout garder. C'est accepter l'idée de se tromper… Les deux garçons ayant des qualités primordiales aux yeux d'Émilie, sans doute a-t-elle l'impression qu'ils se complètent pour former son amour idéal (ce qu'aucun des deux n'est isolément). C'est peut-être vrai, mais ses deux amours risquent de souffrir de cette situation qu'ils n'ont pas voulue, et du coup, Émilie risque de tout perdre. Ce type de situation n'est d'ailleurs pas propre à l'adolescence : des adultes y sont aussi confrontés et il n'est pas très courant que cela finisse bien pour tout le monde, du moins, dans nos sociétés occidentales où il n'est pas bien vu d'aimer plusieurs hommes ou plusieurs femmes à la fois.

Comment faire ?

Émilie peut choisir de se laisser du temps en restant amie avec les deux, afin de mieux les connaître et faire son choix (ou savoir si l'un des deux souhaite juste être son ami et pas son amoureux). C'est plus compliqué pour l'auteur du second témoignage qui, en vivant dans la nostalgie du passé, risque surtout de gâcher le présent ! Avoir des sentiments pour son ex-petit ami, parce que c'était le premier et que cela lui donne un « statut » spécial, c'est normal. Mais il y a un moment où tu dois être capable de te dire que « le passé, c'est le passé », quitte à t'éloigner temporairement de ton ex pour mieux l'oublier et te consacrer à ton amoureux d'aujourd'hui.

Vrai ou faux ?

Si on aime deux personnes à la fois, c'est qu'on n'aime personne.

Faux ! Avec les sentiments, ce n'est jamais tout blanc ou tout noir. Il existe tellement de nuances, de degrés, de ressentis différents, qu'il n'est pas très étonnant que beaucoup y perdent leur latin. Et à l'adolescence, la sécrétion des hormones sexuelles ne fait que compliquer la donne !

Enceinte, je fais quoi ?

« Je suis tombée enceinte accidentellement. J'ai fait un test et c'est confirmé. Dois-je le dire à mes parents ? » **Anonyme, 16 ans**

« **Je suis enceinte et je ne sais pas comment le dire à mes parents.** Ils sont très religieux (c'est-à-dire pas de relations sexuelles avant le mariage). **J'ai peur qu'ils le prennent très mal**, donc, comment leur dire ? » **Anonyme, 15 ans**

« Ma copine m'a annoncé qu'elle était enceinte et on veut garder le bébé parce qu'on s'aime. Seulement, on a 15 ans et mes parents risquent de mal le prendre. Comment leur dire ? » Anonyme

Quelques réponses toutes prêtes...

Si tu cherches comment introduire ce sujet délicat :

Version diplomate

« Notre famille va s'agrandir... On en parle? »
Anonyme

Version humour noir

« Vous allez bientôt être grands-parents ! »
Anonyme

L'ANTHROPOLOGUE VOUS DIT TOUT

Un enfant esprit

Sais-tu que dans la plupart des tribus d'Australie, on ne croyait pas à l'intervention de l'homme dans la conception d'un enfant ? Quand une femme tombait enceinte, on disait que des pierres magiques contenant des « enfants esprits » étaient entrées dans son corps et l'avaient fécondée. L'homme communiquait ensuite sa force vitale à ces enfants pierres, en ayant des rapports sexuels avec sa femme.

Pourquoi ça m'arrive ?

Chaque année, on compte en France près de 4 500 grossesses menées à terme par des mineures. Elles sont davantage à se tourner vers l'avortement (trois sur cinq). Ces grossesses plus ou moins désirées s'expliquent par le fait qu'il est difficile de gérer à la fois les sentiments amoureux, les premiers rapports, le désir inconscient de maternité et la crainte d'une infection ou d'une grossesse. Pour toutes ces raisons, te retrouver enceinte alors que tu es mineure, que tu vis chez tes parents et que tu ne gagnes pas ta vie, représente un gros bouleversement. Et la première réaction, comme dans les témoignages, est généralement de ne rien dire aux parents de peur qu'ils se fâchent ou qu'ils t'obligent à prendre une décision très difficile (avortement, accouchement sous X et donc abandon du bébé ou, au contraire, poursuite de la grossesse). Pour autant, ne rien dire n'est pas une solution tenable car, pendant ce temps ta grossesse se poursuit inexorablement et, dans quelques mois, le bébé sera là !

Comment faire ?

Dans un premier temps, essaie d'en parler à un adulte de confiance (l'infirmière scolaire, autre membre de la famille...) et te rendre rapidement avec ton copain (ou non) au Planning familial pour recevoir une information qui vous aidera à faire votre choix. Cela vous permettra aussi d'avoir des arguments pour défendre votre position, quelle qu'elle soit, auprès de vos parents respectifs, quand vous leur annoncerez. Certains trouvent plus facile de n'en parler qu'à un seul parent (le plus compréhensif des deux), d'autant que ce dernier peut ensuite servir de relais pour en parler à l'autre parent.
Tu t'en doutes, ils ne vont pas sauter de joie en apprenant la nouvelle, mais il faut comprendre leurs inquiétudes : si tu es une fille, tu ne pourras pas assumer seule ce bébé sans leur aide financière (même si tu as droit à des allocations) et ce sera très compliqué pour la poursuite de tes études. Quant aux parents du garçon, ils peuvent craindre que ce soit une charge trop lourde pour leur fils encore jeune. En fait, au départ, les parents ne voient que les problèmes : c'est une réaction normale, et souvent elle ne dure qu'un temps, celui de digérer la nouvelle. Il faut au final, réussir à s'entendre pour conserver un dialogue et assumer ensemble la décision.

Vrai ou faux ?

Une grossesse ne justifie aucunement l'exclusion du collège ou du lycée.

Vrai. C'est la loi ! Tout doit être fait pour permettre à l'adolescente enceinte de poursuivre sa scolarité. Par exemple, en recourant aux cours par correspondance en cas d'impossibilité de se déplacer et aux sessions de rattrapage (lorsqu'elles existent) en cas d'accouchement au moment de la période d'examen. Pour tout cela, il faut se mettre en rapport avec la direction académique des services de l'Éducation nationale et avec le Centre national d'enseignement à distance (CNED) pour les cours par correspondance.

Comment faire pour qu'il m'aime ?

« Je suis amoureuse d'un garçon, mais il ne me voit pas et ne me parle pas. Comment dois-je faire pour qu'enfin j'existe à ses yeux ? » ÉMELINE, 14 ANS

« Je craque pour un garçon. Je ne sais pas comment lui dire car moi, je suis plus intello que populaire ! » Yaël

« Dans ma classe, il y a un garçon très populaire qui a toutes les filles qu'il veut. Moi, je n'en veux qu'une, mais elle ne voit que lui ! Comment faire ? »
ANONYME

Quelques réponses toutes prêtes...

Si tes amis se demandent comment faire craquer quelqu'un, tu peux toujours dire :

Version tous pour un

« Le premier qui trouve le dit aux autres et a gagné… toute leur estime ! »
ANONYME

Version confiante

« Sois toi ! »
OCÉANE

Version maline

« Faut demander à ceux qui ont un copain, au moins, t'es sûr que ça marche ! »
ENORA

L'ANTHROPOLOGUE VOUS DIT TOUT

Cuisine d'amour

Pour attirer celui qu'on aime, il y avait de drôles de recettes dans les campagnes françaises au XIXe siècle. Par exemple, celle du philtre d'amour : « dissoudre dans un liquide quelconque de la poudre d'os de mort tirée d'une tombe bien fraîche ». Ou encore préparation à manger : « un peu de pain sur lequel on aura mis quelques gouttes de sang menstruel ». Ces instructions ont été trouvées dans le « Catéchisme à l'usage des grandes filles pour être mariées et connaître la manière d'attirer les amants » !

L'AVIS DU DOC

Pourquoi ça m'arrive ?

S'il était possible de rendre quelqu'un amoureux sur commande, cela se saurait et il n'y aurait jamais de malheureux en amour ! Mais hélas : il n'y a pas de recette miracle. Si tu ne peux « forcer » l'amour, tu peux tout de même lui donner un petit coup de pouce en te montrant sous un meilleur jour : avoir de l'humour, être attentionné, souriant, ça aide ! Et contrairement à ce que pense le troisième témoin, même le garçon le plus populaire de ton collège n'a pas toutes les filles à ses pieds et heureusement d'ailleurs !
Déjà, sur le plan physique, tout le monde n'a pas les mêmes goûts. Et ce n'est pas parce que tu trouves quelqu'un de beau sur le plan esthétique que cela suffit à te rendre amoureux. Pour que le charme opère, il faut d'autres qualités auxquelles toi tu es sensible (ça change en fonction de chacun), ainsi que certains facteurs dont tu n'as même pas conscience comme les phéromones par exemple : il s'agit de molécules invisibles et volatiles, proches des hormones, émises par l'autre et qui viennent stimuler en quelque sorte ton odorat pour provoquer des réactions dans ton cerveau, comme de l'euphorie, de l'attachement… ou un rejet ! Ces fameuses phéromones étant sous la dépendance des gènes, beaucoup de scientifiques pensent que tu tombes amoureux en priorité de personnes qui, sur le plan génétique, te sont complémentaires.

Comment faire ?

Si, comme Émeline et Yaël, tu as l'impression que les garçons ne te regardent pas, c'est peut-être parce que tu te « caches » derrière des couleurs un peu sombres, des vêtements trop grands pour toi et/ou un silence prolongé. Force-toi à aller un peu plus vers les autres, à sourire davantage, à raconter quelques bonnes blagues, etc. Tu n'es pas obligé de t'adresser directement à la personne que tu aimes si tu trouves cela trop difficile : si tu arrives à en faire rire quelques-uns dans ta classe, les autres tendront l'oreille, c'est sûr ! Et si les blagues ou le look, ce n'est pas trop ton truc, tu peux aussi te distinguer en sport ou en musique si tu joues d'un instrument, ou encore, lancer l'idée de faire un journal dans ton collège (un bon prétexte pour interviewer qui tu sais !).

Vrai ou faux ?

Les philtres d'amour sont efficaces.

Faux ! Des petits malins ont bien essayé d'utiliser les fameuses phéromones découvertes par les scientifiques pour en faire des philtres d'amour, mais jusqu'à présent, cela n'a donné aucun résultat. Les phéromones ne feraient donc pas tout et ça, c'est plutôt une bonne nouvelle ! D'autres facteurs entrent en jeu (charme, caractère, etc.), ce qui veut dire que rien n'est perdu d'avance…

On le sait tout de suite quand on est homo ?

« **C'est un peu gênant** mais je suis attiré par un garçon dans ma classe et **je crois que je suis tombé amoureux**. Je ne sais pas quoi lui dire et **j'ai peur qu'il se moque** de moi. **Suis-je gay et si oui, que dois-je faire ?** »
PAUL, 12 ANS

« Ma meilleure amie m'a avoué qu'elle était amoureuse de moi et depuis, je l'évite car ça me met mal à l'aise. Comment savoir si elle est vraiment homo et comment réagir avec elle pour ne pas lui donner de faux espoirs et pour retrouver notre complicité d'autrefois ? »
ANONYME

Quelques réponses toutes prêtes…

Si un ami te confie penser être homo, tu peux toujours lui dire :

Version pragmatique
« Chouette, un concurrent de moins pour séduire les filles ! »
ANONYME

Version anthropologique
« De toute façon, on est tous des Homo… sapiens ! »
LUCIE

Version dicton
« Les goûts et les couleurs, ça ne se discute pas ! »
PIERRE

L'ANTHROPOLOGUE VOUS DIT TOUT

Des amants guerriers

Dans les civilisations antiques, en Perse, en Égypte, en Israël, l'homosexualité était très courante. En Grèce, elle était même la norme. Il existait à Thèbes un « bataillon sacré » formé de trois cents hommes en couple, unis par l'amour, qui étaient censés être ainsi plus forts au combat ! Les Amazones étaient aussi de célèbres guerrières qui vivaient sans hommes…

Pourquoi ça m'arrive ?

Être attiré par quelqu'un du même sexe, cela peut arriver à tout adolescent sans signifier pour autant qu'il en sera toujours ainsi. En effet, il te suffit de rencontrer quelqu'un du même sexe qui force ton admiration tellement tu le trouves beau, agréable, gentil, etc., bref doté de plein de qualités, pour que tu ne saches plus trop où tu en es. Ton identité sexuelle étant en pleine phase de construction, tu peux ressentir des sentiments contradictoires. Il n'y a que si cette attirance pour les personnes de même sexe se confirme au fil des ans que tu pourras vraiment parler d'homosexualité.

Comment faire ?

Dans la mesure où c'est naturel, tu n'as pas à faire quoi que ce soit pour essayer de changer. Tu es comme ça, c'est tout. C'est aussi parce que cela ne regarde que toi (et ton amoureux), que tu n'es pas obligé d'en parler à tes proches : fais-le seulement si tu en as envie. Par exemple, si Paul dévoile ses sentiments à celui dont il est amoureux, il prend le risque (comme n'importe quel amoureux qui se déclare) que l'autre lui dise que ce n'est pas réciproque. C'est d'ailleurs ce qui se passe dans le second témoignage ! Et quand c'est le cas, la première réaction de celui à qui tu t'es déclaré est de s'éloigner.
Ça peut faire mal, mais bien souvent, c'est temporaire : cela dure juste le temps qu'il digère la nouvelle et s'aperçoive que finalement, tu es toujours le même meilleur ami et que votre amitié n'a pas faibli ! Le second risque et sans doute le plus dur, c'est que tu fasses l'objet de moqueries. C'est pourquoi avant de te déclarer, tu peux toujours tâter le terrain auprès de celui que tu aimes en disant que tu as un cousin homo pour voir comment il réagit et lancer le débat de l'homosexualité. Tu peux être surpris positivement ! À l'inverse, s'il se moque ou tient carrément des propos homophobes, tu pourras le remettre à sa place, essayer d'expliquer… et te dire que derrière sa belle façade, se cache finalement une personnalité beaucoup moins attirante que tu ne le pensais. Au moins, ça pourra t'aider à vite l'oublier !

Vrai ou faux ?

Homosexualité et transsexualité, c'est pareil.

Faux. Être homosexuel, c'est être attiré sexuellement par des personnes du même sexe que soi. Être transsexuel, c'est être convaincu depuis tout petit que l'on n'est pas né dans le bon corps et que l'on appartient à l'autre sexe. L'homme transsexuel estime être en réalité une femme et la femme transsexuelle, un homme. Cela n'a donc rien à voir !

Ma première fois, c'est pour quand ?

« Comment être certain que je saurai m'y prendre la première fois ? Je crois que j'ai encore plus peur que ma copine de ne pas être à la hauteur ! » Anonyme

« Depuis bientôt un an et demi, je sors avec un garçon, mais voilà **j'ai peur du moment où on devra avoir un rapport**. Vraiment, j'ai très peur ! Comment m'y prendre, **est-ce que ça fait mal, la première fois**, à quel âge vous me le conseillez ? **Je ne suis pas du tout pressée que ce moment arrive**, au contraire ! J'aimerais bien en parler avec ma mère, mais nous ne sommes pas si complices que ça et **c'est un sujet assez gênant et délicat**, j'ai vraiment besoin d'aide. Je rentre en 4e et beaucoup disent qu'il faut le faire en 3e ! »

Luna, 13 ans et demi

Quelques réponses toutes prêtes...

Si tes amis veulent savoir si tu l'as déjà fait, tu peux toujours répondre :

Version cachottière

« Devine ! »
Anonyme

Version je botte en touche

« Et toi ? »
Anonyme

Version intemporelle

« Hier ou demain, ça change quoi ? »
Anonyme

L'ANTHROPOLOGUE VOUS DIT TOUT

Le test de la montagne

Au Japon, dans la campagne, la majorité sexuelle se voyait au sous-vêtement. Le garçon recevait à 13 ans une ceinture cache-sexe rouge et la jeune fille qui avait eu ses règles un jupon rouge. Après une cérémonie qui avait lieu vers 13, 15 ou 17 ans, garçons et filles devaient escalader une montagne. On disait que ceux qui avaient eu des rapports sexuels avant leur majorité ne pouvaient pas réussir cette ascension rituelle...

Pourquoi ça m'arrive ?

Ceux qui te disent qu'il faut absolument avoir eu un rapport sexuel avant la 3e racontent n'importe quoi ! Le mieux, c'est de le faire quand tu te sens prêt et que ton partenaire se sent également prêt. Visiblement, ça a l'air trop tôt pour Luna, ce qui n'a rien d'étonnant à 13 ans et demi puisque la moyenne d'âge du premier rapport tourne plutôt autour de 17 ans (comme c'est une moyenne, certains le font avant et d'autres après). Ce n'est pas un concours ! C'est plutôt un moment d'intimité avec ton amoureux et c'est pour cela que la question d'être performant ou pas ne se pose pas en ces termes. Le plus important, c'est votre complicité, votre tendresse et votre respect l'un envers l'autre. Si vous êtes ensemble depuis longtemps et que vous avez confiance en vous, il n'y a pas de raison que ça se passe mal, bien au contraire. Mais si vous le faites juste pour faire comme tout le monde sans y être bien préparés ou pire, sans être amoureux, alors effectivement, ça peut être vécu comme un moment traumatisant.

Comment faire ?

Les réticences de Luna pour en parler à sa mère sont tout à fait compréhensibles : c'est un sujet d'adultes et la mère de Luna voit probablement encore sa fille comme une enfant. C'est plus simple d'en parler à ta grande sœur (si tu en as une), une copine qui l'a déjà fait ou un adulte dont tu es proche. Tu peux aussi avoir des informations au Planning familial…
En général, cette première fois n'arrive pas par hasard, mais souvent après des câlins de plus en plus langoureux et intimes. Même si vous vous aimez beaucoup, même si vous avez pris le temps d'attendre et de faire tout ce qu'il faut sur le plan contraceptif, il se peut que la première fois ne soit pas magique comme vous l'aviez imaginé. C'est souvent dû au fait que, comme tout ce qui est nouveau, c'est quand même un peu stressant. Cela ne veut pas dire qu'il en sera toujours ainsi, mais qu'avec un peu plus de temps, vous serez plus confiants, moins anxieux, et ça se passera mieux une prochaine fois. Un peu de patience !

Vrai ou faux ?

Tu peux être enceinte dès le premier rapport.

Vrai. Autrefois, les femmes pensaient que la première fois, elles ne risquaient rien, mais c'est archifaux ! C'est pourquoi le préservatif et la pilule contraceptive n'ont rien de superflu. Il va falloir être prévoyant !

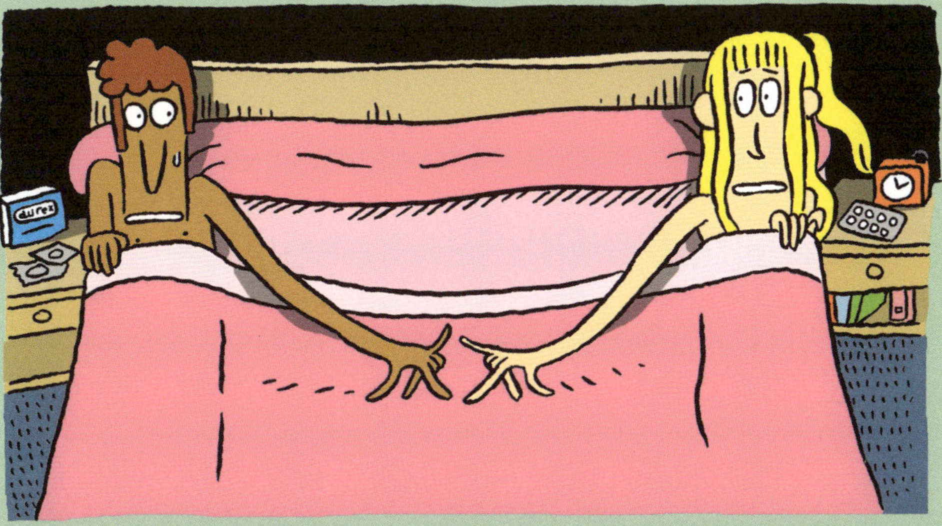

Pourquoi certains sont plus pudiques que d'autres ?

« **Je suis pudique**, alors que mes parents, non. Je leur ai déjà dit que ça me gênait de les voir **se promener en sous-vêtements dans la maison**, mais ça les fait rire. Pourquoi est-ce que ça me met autant **mal à l'aise** ? »
ANONYME

« Je sors avec une fille mais elle est super coincée. Je voudrais aborder le sujet mais je n'ose pas lui en parler de peur de la blesser. Que faire ? »
THOMAS, 12 ANS

« Je déteste l'idée de devoir me mettre en maillot de bain à la piscine devant toute la classe, comment faire ? » ANONYME

Quelques réponses toutes prêtes…

Si tes proches te trouvent trop pudique, tu peux toujours répondre :

Version branchée

« Pas du tout ! C'est juste que j'aime trop la mode pour me passer de vêtements ! »
ANONYME

Version ironique

« Je ne voudrais pas vous faire complexer en me déshabillant ! »
LUCIE

Version point de vue

« Je ne suis pas trop pudique, c'est vous qui êtes exhibitionnistes ! »
ANONYME

L'ANTHROPOLOGUE VOUS DIT TOUT

Un siège sans pudeur !

Chaque époque a ses pudeurs. Sais-tu qu'au XVIIe siècle, il était courant que les seigneurs ou le roi donnent des audiences sur une chaise percée ? C'était une chaise avec un trou pour faire ses besoins. Les dames pouvaient aussi être sur leur « chaise d'affaires » quand elles jouaient, écrivaient, se recevaient entre elles. Quand on parle aujourd'hui du « cabinet » des ministres, ça vient de là !

Pourquoi ça m'arrive ?

Pour ne pas craindre de montrer son corps aux autres, il faut déjà être à l'aise avec. Or ton corps change tellement à l'adolescence qu'il te faut un minimum de temps pour t'accepter et t'habituer, c'est normal. Pourquoi alors certains y arrivent plus vite que d'autres ? C'est une question de caractère (plus ou moins extraverti), d'éducation et de confiance en soi. Attention, si Thomas dit à sa copine qu'il la trouve vraiment trop pudique, il risque surtout de la bloquer davantage. De même, le fait de rire au lieu de tenir compte de la gêne de leur ado n'aide pas vraiment le premier témoin. Ne pas avoir le choix, comme dans le troisième témoignage, est une source de stress supplémentaire et donc de blocage. Or la progressivité et la bienveillance sont nécessaires pour vaincre peu à peu cette pudeur excessive.

Comment faire ?

Pour bien faire, Thomas doit aider sa copine à prendre confiance en elle et cela passe par des tas de petits compliments physiques. Plus elle sentira que Thomas la trouve jolie et que chaque détail de son corps est à son goût, moins elle aura d'appréhension pour se dévêtir. Bien sûr, cela ne va pas se faire en un jour : il va lui falloir faire preuve de patience et ne pas la brusquer. Or dans le cas du troisième témoin, y aller progressivement ne va pas être possible : à la piscine, on ne peut pas garder ses vêtements de ville ! Tout ce qu'il peut faire pour se rassurer, c'est y aller plusieurs fois avec ses meilleurs amis, avant d'y aller avec sa classe : ces bons moments passés ensemble l'aideront à décompresser quand il y retournera d'office.

Quant au premier témoin qui se retrouve devant le fait accompli, il doit vraiment insister auprès de ses parents sur sa gêne et obtenir un compromis : par exemple, une tenue minimale dans les lieux communs (salons, cuisine, etc.). Ce besoin d'intimité est tout à fait légitime et cela fait partie du rôle des parents de le comprendre et de le respecter.

Vrai ou faux ?

À certaines époques, on était pudique au point de se laver en chemise !

Vrai ! Au XIXe siècle, en France, la morale conservatrice fait son grand retour au point d'interdire de se laver nu, même en étant seul chez soi ! Il fallait donc garder sa chemise !

Comment dire « non » sans blesser celui qui nous aime ?

« Dans mon collège il y a **plein de filles qui m'ont demandé de sortir avec elles** – pourtant, **je ne suis pas spécialement populaire** –, mais **je n'en aime aucune.** Je ne sais pas quoi leur dire ! » **Paul**

« J'aime un garçon, mais il ne m'aime pas, car il a peur de blesser son meilleur ami qui, lui, m'aime, que faire ? » **Thaïs, 11 ans**

« **Je suis beaucoup avec les garçons** pendant les récréations mais à la fin, **j'apprends qu'ils sont amoureux de moi** donc après, **je ne sais pas comment réagir** pour ne pas **gâcher notre amitié**. »
Inès

Quelques réponses toutes prêtes...

Si un ami dont tu n'es pas amoureux te demande de sortir avec lui, tu peux toujours répondre :

Version joueuse
« Tu connais le jeu du ni oui, ni non ? Alors, on joue ! »
Anonyme

Version amicale
« Oui... mais comme amis ! »
Zoé, Margaux, Adèle, Gabin

Version ça demande réflexion
« Je peux te répondre l'année prochaine ? »
Anonyme

L'ANTHROPOLOGUE VOUS DIT TOUT

La stratégie d'Éros

Comme il était vexé qu'Apollon mette en doute ses qualités de tireur à l'arc, Éros, le dieu grec de l'Amour, l'a piqué d'une flèche d'or pour qu'il tombe amoureux. Dans le même temps, il a lancé à la jeune fille de ses rêves une flèche de plomb pour qu'elle le refuse ! Subtil comme vengeance, non ?

L'AVIS DU DOC

Pourquoi ça m'arrive ?

La personne qui est amoureuse de toi n'a pas fait exprès de l'être, et de ton côté, tu ne fais pas exprès d'être indifférent ! Si, comme Paul, tu n'as pas spécialement envie de sortir avec qui que ce soit, tu peux t'en tirer avec une pirouette du style « je suis à fond dans mon hobby et du coup je préfère rester célibataire en ce moment ». C'est un petit mensonge, c'est vrai, mais c'est ce qu'on appelle un mensonge social, c'est-à-dire un mensonge destiné à ne pas faire de peine à un proche ! Quant à Inès, soit elle fait semblant de rien si les garçons ne se déclarent pas directement, soit elle se dit que c'est un jeu entre eux, qu'ils racontent qu'ils l'aiment juste pour rire (il serait quand même étonnant qu'ils soient tous amoureux en même temps !). Dans le cas de Thaïs, puisque celui dont elle est amoureuse ne l'aime pas, elle doit d'abord apprendre à l'oublier. Peut-être que lorsqu'elle se sentira à nouveau libre, elle arrivera à s'intéresser à son meilleur ami qui, lui, est amoureux d'elle, ou peut-être pas, mais c'est dans tous les cas une autre histoire. On ne peut pas forcer l'amour !

Comment faire ?

Quand quelqu'un te dit qu'il est amoureux de toi et que tu ne partages pas ses sentiments, il vaut mieux être clair plutôt que de lui donner de faux espoirs. Ça peut faire mal sur le moment, mais au moins, il pourra passer à autre chose après avoir fait son « deuil » de cet amour à sens unique. Pour autant, tu peux clarifier la situation sans être méchant : dire « tu rêves ! » ou « tu t'es vu », c'est vraiment odieux alors que lui dire « je t'ai toujours vu en tant qu'ami et rien d'autre », même si c'est passe-partout, cela reste acceptable. Parfois encore, certains gestes valent mieux qu'un grand discours : un gros bisou sur la joue en tant que gage d'amitié, ça réconforte ! Tu peux enfin terminer en disant que tu espères que ça ne changera rien entre vous car votre relation actuelle est vraiment super et que tu serais triste de couper les ponts. Et tu peux conclure par un « ça sera notre petit secret », histoire de le rassurer sur le fait que les autres de la classe ne seront pas au courant. En effet, un refus, ce n'est déjà pas facile à assumer, mais si en plus on doit craindre que tout le monde se moque, alors là, c'est vraiment la galère.

Connais-tu la « friend zone » ?

Rentrent dans cette catégorie tous ceux qui un jour ont déclaré leur amour et se sont vu répondre par ceux dont ils étaient amoureux : « Je préfère qu'on reste amis ! » ce qui sous-entend, « Désolé, mais moi je ne t'aime pas d'amour ! » Et à en croire les forums de discussions, il y a vraiment beaucoup, beaucoup de monde dans cette friend zone !

L'amour, ça peut être simple ?

« *Mon petit copain n'arrête pas de venir me voir* alors que *j'aimerais bien être toute seule avec mes amies*, mais *j'ai peur de le vexer* si je lui dis. Comment faire ? »
MAËLLE, 13 ANS

« **J'ai rencontré un garçon pendant les vacances, on s'est rapidement liés d'amitié et depuis peu, nous sortons ensemble. Le problème c'est qu'il habite à 600 km de chez moi ! Comment faire pour le voir ?** »
GAINA

« **Quand je suis en couple avec un garçon**, j'ai une boule au ventre et **je ne me sens pas bien**, alors je crois que **c'est parce que je ne l'aime pas, mais pourtant si**. Je regrette à chaque fois, mais **je me sens tellement mal** que **je ne peux pas faire comme si tout allait bien**. J'attends quelques jours que ça se calme, mais **c'est insupportable !** Que faire ? » **FANNY, 12 ANS**

Quelques réponses toutes prêtes...

Si un ami te demande comment ça se passe avec ton amoureux, tu peux toujours répondre :

Version littéraire
« Tu connais l'histoire de Roméo et Juliette ? Eh bien les casse-têtes qu'ils ont affrontés, ce n'est rien à côté de ce qu'on vit ! »
ANONYME

Version honnête
« Trop compliqué à raconter ! »
CHARLOTTE

Version je ne sais plus où j'en suis
« Si t'as la réponse, ça m'intéresse ! »
MATHILDE

L'ANTHROPOLOGUE VOUS DIT TOUT

Simple comme l'amour

Aux îles Trobriand en Mélanésie (des îles de l'océan Pacifique, au large de l'Australie), les adolescents étaient élevés très librement. Ils avaient donc de nombreuses expériences avant de se marier, mais toujours en dehors du village, souvent dans la nature. Et même après le mariage, les relations extraconjugales étaient autorisées lors de certaines fêtes ! Dans nos sociétés, une telle attitude serait considérée comme immorale...

Pourquoi ça m'arrive ?

Il y a un âge pour tout et si tu brûles les étapes, tu risques fort de te sentir mal à l'aise. C'est probablement ce qui arrive à Fanny, à 12 ans : sans doute n'a-t-elle pas la maturité pour se mettre « en couple » et c'est pourquoi elle est tiraillée entre l'envie de faire des choses de son âge et l'envie de passer du temps avec le garçon qu'elle aime bien. Tout va beaucoup trop vite pour elle, d'où cette boule au ventre qui traduit une angoisse. À 12 ans, la plupart des autres filles rêvent secrètement d'un garçon et quelques-unes seulement ont échangé un baiser, voient régulièrement leur copain. Attention, le risque d'être mal à l'aise est d'autant plus grand qu'il existe une grande différence d'âge entre les deux : si Fanny a 12 ans mais que son copain en a 15 ou 16 par exemple, les attentes du garçon peuvent être d'un autre ordre, ce qui risque de mettre Fanny encore plus mal à l'aise.

Comment faire ?

Ces relations qui s'enchaînent et qui paraissent insupportables pour Fanny, c'est bien la preuve qu'elle n'est pas prête et qu'elle devrait laisser du temps au temps. Elle peut aimer un garçon sans forcément sortir avec ! Prendre le temps de rêvasser, de grandir dans sa tête, c'est important pour nourrir son imaginaire… C'est différent pour Maëlle qui a juste besoin d'un plus grand espace de liberté. Au lieu de dire à son copain qu'il la gêne quand elle est avec ses amies – ce qui est négatif et donc vexant – elle peut lui expliquer que les filles ont besoin de se voir juste entre elles pour se raconter des trucs de filles, ou encore, qu'elle préfère le voir en tête à tête parce qu'elle n'aime pas le partager (plus positif et gratifiant pour lui !)… Quant à Gaina, elle peut se consoler en se disant qu'elle est née au siècle d'Internet et qu'elle, au moins, peut parler à son amoureux de visu quand elle veut, via Skype ou FaceTime ou autre. Autrefois, les couples séparés par une longue distance n'avaient pas d'autre choix que de s'envoyer des lettres qui, dans le meilleur des cas, mettaient plusieurs jours à arriver. Si Gaina et son amoureux restent en relation une fois rentrés chez eux – ce qui n'a rien d'évident car les amours de vacances ne résistent pas souvent à ce retour à la vie quotidienne –, ils trouveront le moyen de se voir pendant les prochaines vacances scolaires…

Vrai ou faux ?

Aucun amour ne résiste à l'éloignement.

Faux ! C'est vrai que c'est beaucoup plus compliqué, mais comme le dit le dicton, la distance est à l'amour ce que le vent est au feu : il éteint les plus petits et ravive les plus grands ! Autrement dit, si un amour survit à l'éloignement, il en sort souvent grandi…

Et si on est deux à aimer la même personne ?

« Ma meilleure amie aime un garçon, mais malheureusement moi aussi j'aime ce garçon. J'ai le choix entre trahir ma meilleure amie ou sortir avec le garçon que j'aime. » **ANNA, 13 ANS**

« Je suis amoureuse d'un garçon depuis le début de l'année, mais lui, il aime une autre fille et en plus je le soutiens. Comment lui avouer mes sentiments sans qu'il pense que mes encouragements n'étaient qu'un prétexte pour rester auprès de lui ? » **LAËTITIA**

« Mon meilleur ami m'a dit un jour qu'il aimait une fille et j'ai découvert qu'il aimait la même fille que moi ! J'ai peur de lui avouer. » **ALEX**

« J'ai un problème : à force de rester avec ma meilleure amie et son petit ami, je suis tombée amoureuse de son copain. Je ne sais pas quoi faire... » **AURÉLINE**

Quelques réponses toutes prêtes...

Si ton ami te demande de qui tu es amoureux et que c'est la même personne que lui, tu peux toujours répondre :

Version James Bond

« Moins tu en sauras, mieux ce sera pour ta sécurité ! »
ANONYME

Version indice

« Je peux juste te dire que tu le connais ! »
OCÉANE

Version méga indice

« Il habite sur la planète Terre ! »
ENORA

L'ANTHROPOLOGUE VOUS DIT TOUT

Recettes de rivales

En Afrique, chez les peuples de polygames dont les maris possèdent plusieurs femmes, les femmes ont des recettes magiques pour faire perdre leur attrait à leurs rivales et ramener leur mari vers elles. Par exemple, tu suis ta rivale en marchant sur son ombre et tu tapes fort des pieds en prononçant une formule magique. Mais les maris, eux, ont aussi des recettes pour apaiser les femmes qui aiment le même homme et faire qu'elles s'entendent toutes et qu'elles deviennent amies !

L'AVIS DU DOC

Pourquoi ça m'arrive ?

Avec tes meilleurs amis, vous partagez des goûts donc finalement, si tu y réfléchis bien, ce n'est pas si étonnant que vous tombiez de temps en temps amoureux de la même personne, surtout si vous passez du temps avec. Il existe d'ailleurs une autre situation assez fréquente : celle où une personne proche tombe amoureuse de ta sœur ou de ton frère. Tu peux alors avoir le sentiment que ton ami venait plus voir ta sœur (ton frère) que toi et donc te sentir trahi, alors qu'en réalité, c'est parce qu'ils se voyaient souvent grâce à toi qu'ils ont fini par tomber amoureux. Comme personne ne choisit de qui il tombe amoureux, tu ne peux les tenir pour responsables de leurs sentiments !

Comment faire ?

Tu ne choisis pas d'être amoureux, mais tu choisis de te déclarer ou pas. Or si ton ami(e) est déjà avec celui que tu aimes, comme dans le cas d'Auréline, tenter ta chance serait vécu comme une double trahison, et amicalement parlant, ce n'est pas vraiment défendable. C'est pourquoi Auréline devrait s'éloigner quelque temps de sa meilleure amie et de son petit copain, pour les laisser vivre leur histoire et pour passer du temps avec d'autres et se changer les idées… Le cas de Laëtitia est très différent : celui qu'elle aime étant encore « célibataire », elle peut très bien lui avouer ce qu'elle ressent, tout en ayant conscience que puisqu'il dit en aimer une autre, il est possible qu'il lui réponde que ce n'est pas réciproque. Elle a donc le choix entre ne rien dire (et peut-être passer à côté d'une belle histoire) ou le dire et s'exposer à un refus. Personne ne peut prendre cette décision à sa place. Quant à Alex et à Anna, s'ils décident de se montrer sincères envers leurs amis en avouant qu'ils aiment le même garçon (la même fille) qu'eux, ce n'est pas une trahison puisque leurs amis ne sont pas avec. Au contraire, un peu de franchise peut les aider à ce que leurs amis arrêtent d'évoquer devant eux ceux qu'ils aiment et/ou de leur demander des conseils : une situation très inconfortable !

Comment l'oublier… ou pas ?!

« *Ma copine m'a quitté* **et depuis je déprime. Comment faire ?** »
BASTIEN, 12 ANS

« **Je voulais savoir comment** annoncer à son petit copain qu'on ne veut plus sortir avec lui **parce qu'**on en aime un autre **?** » **MARGAUX**

« Avant j'étais avec un garçon et on s'est disputés et on a cassé. Mais je l'aime encore ! Comment l'oublier ? »
ANONYME

« *J'aimerais reconquérir mon ex* ***: je l'aime tellement ! Pourriez-vous me donner*** *quelques conseils* ***?*** » **CHARLOTTE, 13 ANS**

Quelques réponses toutes prêtes…

Si on te demande si tu es toujours amoureux alors que vous venez de rompre, tu peux toujours répondre :

Version « ça ne te regarde pas »
« Si quelqu'un te pose la question, tu n'as qu'à répondre que t'en sais rien et que ça ne te regarde pas. Et toc ! »
ANONYME

Version pragmatique
« En gros, tu veux savoir s'il est libre, c'est ça ? »
ADÈLE

Version on ne me la fait pas à moi
« C'est elle qui t'envoie ? »
ANONYME

L'ANTHROPOLOGUE VOUS DIT TOUT

Une recette anti-amour

Chez les Maoris, on peut aller voir le sorcier dans le cas où on est amoureux mais que l'amour n'est pas possible. Il peut alors soumettre le malheureux à divers rites (selon la situation) qui adoucissent la peine et qui « retirent l'amour du cœur » !

Pourquoi ça m'arrive ?

Presque tout le monde connaît au moins une fois dans sa vie une rupture amoureuse. Le plus difficile, c'est quand la décision vient de l'autre : dans ce cas, comme Bastien, bien souvent, tu te sens déprimé. Cette réaction est normale car tu as perdu quelqu'un à qui tu tenais. Tu vas passer par une phase de tristesse, et dans ces moments-là, il est bon de savoir que tu peux compter sur tes meilleurs amis pour venir discuter avec toi, puis, quand tu iras un peu mieux, te distraire et te rendre le sourire en te poussant à sortir. Attention à ne pas être obsédé par l'idée de la reconquête, comme Charlotte : si vraiment ton ex t'a dit qu'il n'avait plus aucun sentiment pour toi, même si c'est très dur à entendre, c'est qu'il n'y a plus rien à rattraper et ce n'est pas parce que toi, tes sentiments sont intacts que tout va redevenir comme avant. Il vaut mieux faire le deuil de cette relation à sens unique en t'éloignant le plus possible de lui, au moins le temps d'aller mieux. Voir d'autres amis, te lancer dans de nouvelles activités (qui t'ont toujours fait envie) quitte à te forcer un peu au début, ça aide…

Comment faire ?

Une rupture est toujours une épreuve et c'est pourquoi il faut essayer de préserver l'autre autant que possible. Si comme Margaux tu envisages de lui dire que c'est fini car tu as maintenant des sentiments pour quelqu'un d'autre, tu risques vraiment de lui faire du mal et ce n'est pas acceptable. Si tu veux rompre, tu dois le faire dans le respect : cela veut dire face à face (et certainement pas par SMS ou, pire, par le biais d'un tiers), sans personne autour (c'est humiliant devant les autres) et en lui disant que le problème vient de toi, pas de lui. Pour autant, si tu es sûr de ta décision, ne lui laisse pas d'espoir de te reconquérir, car ce n'est pas lui rendre service. Tu peux ensuite lui proposer de dire à votre entourage que vous avez rompu d'un commun accord si cela peut l'aider à se sentir moins mal et bien sûr, de ton côté, ne pas aller le critiquer par-derrière… Pour celui qui subit la rupture, passer ensuite par une phase de tristesse, c'est normal. Ce qui n'est pas normal en revanche, c'est de voir tout en noir, de penser que tout est de ta faute ou que tu es tellement nul que personne ne t'aimera jamais : évidemment, c'est complètement exagéré et si ce genre de pensées t'obsède, si tu pleures tout le temps, que plus rien ne te fait sourire, que tu en négliges jusqu'à tes études, alors tu dois vraiment en parler à un médecin ou à un psychologue car tu as peut-être besoin d'une aide ponctuelle pour surmonter ce qui ressemble fort à une vraie dépression et non à une déprime passagère.

Vrai ou faux ?

On vit mieux une rupture amoureuse à 14 ans qu'à 20 ans.

Pas forcément ! Ce n'est pas une question d'âge : à l'adolescence, tu peux vraiment être très amoureux et donc très malheureux si ça s'arrête. Pour autant, quand tu auras surmonté cette épreuve, tu en ressortiras beaucoup plus fort et ça, personne ne pourra te l'enlever !

Il dit quoi mon horoscope ?

Quelques réponses toutes prêtes...

Si tes parents te reprochent d'être plus attentif à ton horoscope qu'à tes devoirs, tu peux toujours répondre :

Version maline

« Mon horoscope dit que ma famille est ce qui compte le plus pour moi... Ne me dites pas que vous pensez que c'est du pipeau ! »
ANONYME

Version pragmatique

« On s'intéresse à ce qui pourrait se passer dans nos vies, ne nous dites pas que vous ne trouvez pas cela intéressant ! »
ZOÉ, MARGAUX ET LUCIE

Version tac au tac

« Et pourquoi je trouve toujours votre journal ouvert à la page de l'horoscope, si c'est si nul ? »
MATHILDE

Version voyante

« J'essaie de deviner quelle sera ma prochaine note de maths, afin de réfléchir au meilleur moyen de vous l'annoncer ! »
ANONYME

« Je suis du signe du Scorpion et mon copain est Lion. Du coup, ça ne va pas fort entre nous. Comment faire ? On ne pourra jamais changer de signe ! »
ANONYME

« Mes copines parlent tout le temps de leur horoscope, mais moi, je n'y crois pas. Qui a raison ? Elles ou moi ? »
ANONYME

L'ANTHROPOLOGUE VOUS DIT TOUT

Étoiles en iroquois

Sais-tu que les étoiles se disent en iroquois : *otsistokouannenentagon* qui signifie « feux attachés » ! Ils croyaient que le ciel était liquide et que la Voie lactée était formée des âmes des Indiens morts dans la journée et qui montaient au ciel !

Pourquoi ça m'arrive ?

De tout temps, les hommes ont cherché à en savoir plus sur leur avenir. Que ce soit par des rites, par des croyances religieuses, par des superstitions, peu importe, cela donne le sentiment que l'on est mieux préparé pour affronter l'avenir et après tout, ce n'est déjà pas si mal ! Quand tu lis ton horoscope, bien souvent, tu n'attends pas que tout ce qu'il raconte se réalise, mais plutôt qu'il te donne de bonnes nouvelles qui vont t'aider à affronter les jours à venir avec plus de sérénité. Et c'est pareil pour ceux qui vont voir une voyante : ce qui compte avant tout, c'est qu'elle donne des indications pouvant être interprétées comme de bon augure pour celui qui consulte. Enfin, si tu connais des jeunes du même signe que toi, cela peut vous donner un sentiment d'appartenance au même groupe et vous aider à vous sentir plus proches. En revanche, ne prends pas le prétexte de l'horoscope pour expliquer des disputes ou autre mésentente : si tu ne t'entends pas avec ton copain comme dans le premier témoignage, ce n'est pas parce que vos signes sont incompatibles, mais parce que vos attentes sont décalées. Apprenez à communiquer sans vous agresser et cela ira déjà beaucoup mieux !

Comment faire ?

Si tu prends les indications de ton horoscope au pied de la lettre, tu risques d'être déçu et même décontenancé car, d'un horoscope à l'autre, les prédictions varient. En revanche, si tu te sers de cet outil pour réfléchir à ce qui t'arrive, ce peut être très positif : par exemple, si ton horoscope t'annonce de super rencontres à venir et que tu es du genre timide, dis-toi que tu ne risques rien à aborder d'autres jeunes ces jours-ci puisque tu sais d'avance que ça va être génial. En positivant de la sorte, tu arriveras à te surpasser, tout simplement parce que ton cerveau est très sensible aux messages d'encouragement qu'il reçoit, d'où qu'ils viennent (même d'un horoscope !).

Vrai ou faux ?

L'astrologie n'a jamais apporté la preuve scientifique de sa fiabilité.

Vrai ! De nombreuses expériences scientifiques attestent même plutôt du contraire. Par exemple, quand des astrologues de renom sont sollicités pour établir le thème astral d'inconnus dont ils reçoivent la date et l'heure exacte de la naissance, ils n'obtiennent pas les mêmes résultats. Pire ! Si on leur remet un questionnaire détaillé et anonyme de chacun des inconnus en leur demandant de les relier au thème astral correspondant, ils n'obtiennent pas de meilleurs résultats que le hasard !

Croire ou ne pas croire, là est la question ?

« J'ai un problème : cette semaine j'ai été à une confirmation. Moi je ne suis plus croyante et toute ma famille m'a demandé quand je faisais la mienne. Je n'arrive pas à leur dire que je ne crois pas en Dieu sans que ça les blesse. Comment dois-je m'y prendre ? » CLAIRE

« Entre nous, Dieu existe ou pas ? »
ANONYME

Quelques réponses toutes prêtes...

Si quelqu'un veut savoir si tu es croyant ou non, tu peux toujours répondre :

Version secrète
« Si on te le demande, t'as qu'à dire que tu ne sais pas et que ça ne les regarde pas ! »
ADÈLE, ANAÏS, GABIN, ZOÉ, MARGAUX ET OCÉANE

Version méfiante
« Je ne parlerai qu'en présence de mon avocat ! »
ANONYME

Version perso
« C'est une affaire entre ma conscience et moi ! »
ANONYME

L'ANTHROPOLOGUE VOUS DIT TOUT

Dieu est partout

Il n'existe pas de Dieu unique dans les tribus qui vivent dans la nature. Chez les Iwaino de Papouasie, Imunu désigne la force vitale : c'est une sorte d'âme qui existe dans toutes les choses et qui est à l'origine de toute individualité. Elle peut hanter un homme et il sera humain, ou un dieu et il sera divin. Ainsi il peut être bon ou méchant, souffrir ou faire souffrir, posséder ou être possédé : cette force pénètre tout ce qui a de la vie et lui donne sa puissance...

Pourquoi ça m'arrive ?

Selon l'éducation que tu as reçue et ta propre expérience, tu peux avoir certaines convictions religieuses ou pas, et elles peuvent être différentes ou non de celles du reste de ta famille. Certains sont convaincus que Dieu ou « leur Dieu » existe, d'autres sont persuadés du contraire. Certains appliquent à la lettre les règles de leur religion et d'autres le font uniquement à de grandes occasions. Chacun est libre, du moins dans les pays laïques. Ainsi, personne n'a à te juger pour cela et personne ne peut t'obliger à croire ou ne pas croire. Croire est une conviction intime, ce n'est pas une décision. Si tu es dans le même cas que Claire, tu n'as donc pas à rougir de tes opinions : tu peux répondre par exemple que ta confirmation n'est pas à l'ordre du jour, soit parce que tu n'es pas croyante (version directe), soit parce que tu ne te sens pas prête du tout (version édulcorée). Tu peux enfin écarter la question en répondant que si jamais cela arrive, ils seront les premiers prévenus (version ironique). T'obliger à faire ta confirmation uniquement parce qu'ils seraient blessés si tu ne la faisais pas s'apparenterait à une forme de chantage affectif et relèverait de la pure hypocrisie étant donné que cela ne correspond à rien pour toi. Si tes proches ne veulent rien savoir, tu peux aussi mettre en avant cet argument !

Comment faire ?

Chacun a le droit de penser ce qu'il estime être vrai (et cela peut varier dans le temps) à partir du moment où il ne nuit pas aux autres et ne les contraint pas à faire comme lui. Or c'est bien le problème avec les extrémistes de quelque religion que ce soit : ils sont prêts aux pires horreurs pour obliger les autres à croire comme eux et à adhérer à leur mode de vie. C'est de ceux-là qu'il faut se méfier. Comme dans les sectes, ils ont souvent un discours stéréotypé, par exemple que tu n'es pas comme les autres, que tu mérites mieux. Ils vont jusqu'à te faire croire que tes proches t'empêchent de trouver ta voie et donc que tu dois couper tes liens avec eux. Si quelqu'un te dit ça, la seule certitude à avoir, c'est qu'il est tout sauf ton ami ! D'ailleurs, si tu es confronté de près ou de loin à ce genre de discours (Internet ou autre), parles-en à un adulte de confiance (parent, ami, professeur, etc.) qui, s'il le juge nécessaire, préviendra les autorités.

Vrai ou faux ?

Le nombre de personnes ayant une religion en France n'est pas connu.

Vrai et faux : officiellement, il est interdit de répertorier une personne en fonction de son appartenance religieuse dans notre pays. Toutefois, l'Institut national d'études démographiques (INED) a obtenu l'autorisation de poser la question lors de sondages réalisés auprès de personnes majeures, à condition que les sondés aient la possibilité de cocher la case « préfère ne pas répondre ». Les chiffres qui en ressortent chez les 18-50 ans sont : 11,5 millions de personnes se disant de confession catholique, 2,1 millions de confession musulmane, 500 000 de confession protestante, 150 000 de religion bouddhiste, et 125 000 de religion juive.

Esprit es-tu là ?

« Quand il y a une pièce dans la maison qui est noire ou très sombre, je me mets à penser qu'il y a quelqu'un dans la maison et j'ai peur. J'ai ce problème depuis à peu près deux ans et demi. Quand mes copines viennent dormir à la maison, j'essaie de le montrer le moins possible, mais parfois, je craque et certaines se moquent de moi. Je ne sais pas quoi faire. Dois-je voir une psychologue ? Ou bien, est-ce que ça va passer tout seul ? » Anonyme

« J'ai lu beaucoup de témoignages sur des histoires de fantômes. Mes parents disent que tout ça, c'est inventé, mais je ne peux pas m'empêcher de penser qu'il y a peut-être du vrai là-dedans et ça me fait très peur. Qui croire ? » Anonyme

Quelques réponses toutes prêtes...

Si quelqu'un se moque de ta peur des fantômes, tu peux toujours répondre :

Version ironique

« Je ne crois pas aux fantômes, mais quand j'ai vu ta tête, j'ai vraiment cru à un zombie, désolé ! »
Anonyme

Version courte

« Lol ! »
Lucie

Version un pour tous, tous pour un

« Nous ne sommes pas les seules ! »
Zoé et Margaux

Version démocratique

« J'ai le droit d'avoir peur et tu n'as pas le droit de me l'interdire ! »
Adèle

L'ANTHROPOLOGUE VOUS DIT TOUT

Un esprit qui fait du bruit !

Les tribus d'Amérique du Sud appellent « chamane » celui qui est en contact avec les esprits. Pour augmenter ses pouvoirs, on l'exposait à la lune décroissante tout en lui tirant les doigts pour en faire craquer les articulations. Parfois aussi, les esprits descendaient sur terre le chercher en faisant beaucoup de bruit. Et à son retour, le chamane atterrissait la tête la première au milieu de la foule !

Pourquoi ça m'arrive ?

De tout temps, les humains ont été confrontés à des phénomènes qu'ils ne savaient pas expliquer et qui, du coup, leur faisaient très peur. Ce n'est pas parce qu'aujourd'hui, un certain nombre de ces phénomènes ont trouvé une explication scientifique (notamment parmi les phénomènes météorologiques) que tout peut s'expliquer sans exception. À l'inverse, parmi tout ce qui reste inexpliqué aujourd'hui, on trouvera probablement un certain nombre d'explications dans le futur. En d'autres termes, affirmer de façon péremptoire que « les fantômes existent » ou que « les fantômes n'existent pas » en l'état actuel de nos connaissances n'est pas une démarche scientifique. Il existe des chercheurs qui s'intéressent à ces divers phénomènes, un peu partout dans le monde. Leur philosophie : sortir de la croyance ou de la non-croyance et étudier le plus rigoureusement possible ce qui est observé, faire des relevés, etc. Il n'y a qu'en faisant ainsi qu'une réponse objective sur ce sujet sera peut-être trouvée un jour. D'ailleurs, si cela t'intéresse énormément, pourquoi ne pas devenir comme ces chercheurs plus tard ? Ils ne se cantonnent pas à l'étude des fantômes : la télépathie, le déplacement des objets par la pensée, les apparitions, les expériences de sorties de corps, etc., tout ce qui relève du « paranormal » en fait, est leur sujet de prédilection.

Comment faire ?

Se poser des questions sur des phénomènes inexpliqués est une démarche normale et très saine. Elle prouve que tu es curieux, que tu as soif de comprendre et c'est une qualité. Ce qui est moins normal en revanche, c'est d'être terrorisé à l'idée que ça pourrait exister et avoir peur du noir comme dans le premier témoignage, par exemple. Dans ce cas, c'est une phobie et cela se soigne bien, mais effectivement, il vaut mieux se faire aider par un psychologue comportementaliste. Quelques séances suffisent le plus souvent. En attendant, évite les films d'horreur et interdis à ton entourage de te faire peur. On ne joue pas avec les phobies !

Vrai ou faux ?

Si tu crois aux fantômes, tu n'es pas le seul !

Vrai ! Les différents sondages effectués rapportent que 46 % des Français croient aux fantômes. Quant à Oscar Wilde, célèbre écrivain irlandais, il a eu cette excellente formule : « Je peux croire n'importe quoi, pourvu que ce soit absolument incroyable. »

La fin du monde, c'est pour demain ?

« Dès que je vois un film ou que j'entends parler de la fin du monde, je panique et je fais des cauchemars pendant plusieurs nuits. Comment faire pour arrêter ce stress ? »
LUCIEN, 12 ANS

« Est-ce vrai que la fin du monde, c'est pour bientôt ? Il paraît que des astrologues l'ont prédite et que ça va être l'apocalypse... »
ANONYME

Quelques réponses toutes prêtes...

Si quelqu'un te demande si tu crois que la fin du monde va arriver, tu peux toujours répondre :

Version voyante

« Oui, ça arrivera... un jour ! »
IONA ET OCÉANE

Version désabusée

« Si on écoutait tout le monde, la fin du monde, ce serait tous les ans ! »
LUCIE

Version Terminator

« Si tu n'arrêtes pas de dire des bêtises, c'est ta fin qui va arriver ! »
ENORA

L'ANTHROPOLOGUE VOUS DIT TOUT

Le signe de l'araignée

Les Indiens hopi du Sud-Ouest américain ont estimé que le monde a été détruit déjà trois fois et que bientôt nous allons encore une fois passer du quatrième monde au cinquième monde. Les signes précurseurs, selon eux, sont le tremblement de terre, l'élévation du niveau de la mer, les ouragans. Et ils disent qu'alors, la terre sera recouverte d'une immense toile d'araignée !

Pourquoi ça m'arrive ?

La fin du monde est une peur ancestrale qui renvoie chacun d'entre nous au fait que nous sommes tous mortels. Mais comme nous ne passons pas notre vie à penser que nous allons mourir un jour (faute de quoi, personne n'aurait envie de rien faire), nous imaginons une sorte de fin collective : la fin du monde. Pour certains, elle prend la forme d'une guerre mondiale dont aucun être vivant ne ressortira. Pour d'autres, c'est plutôt la nature qui va se déchaîner. Pour d'autres encore, ce sont des forces extraterrestres qui vont nous tomber dessus, etc. Comme tu le vois, tous les scénarios sont permis ! Et c'est d'ailleurs pour cela qu'il existe autant de films sur ce thème. La fin du monde subjugue autant qu'elle fait peur et si tu es trop stressé comme Lucien quand tu regardes ce type de films, la solution est simple : change de registre, regarde plutôt une comédie !

Comment faire ?

Ce n'est sans doute ni la première ni la dernière fois que des astrologues, voyants et autres prédicateurs en tout genre nous annoncent la fin du monde. Comme, jusqu'à présent, cela ne s'est pas produit, libre à toi de les croire ou de te dire que ça relève du fantasme collectif ! Ce que tu peux faire en revanche, c'est te pencher sur des problèmes concrets comme le dérèglement climatique, par exemple, qui est la source d'évènements météorologiques extrêmes comme les tempêtes, les tornades, les pluies diluviennes, etc. Bien sûr, si tu es seul à faire des efforts dans ton coin pour diminuer ta consommation en électricité et les gâchis de toute sorte, cela ne suffira pas. Mais si tu convaincs tes amis qui eux-mêmes en convaincront d'autres et qu'au bout du compte, vous êtes des dizaines puis des centaines de milliers et des millions à faire attention, cet effet boule de neige finira par avoir un impact. C'est l'avantage des réseaux sociaux : il est plus facile de faire passer un message à grande échelle aujourd'hui que du temps de tes parents.

Vrai ou faux ?

Les « décroissants » entendent préserver les ressources de la Terre.

Vrai ! Derrière ce nom un peu bizarre, on trouve des millions de citoyens sur la planète qui disent « non » à la surconsommation, au gâchis et au tout jetable. Ils ont à cœur de préserver les ressources naturelles de la planète pour les générations futures. Leur mode de vie est beaucoup plus respectueux de l'environnement, et si tout le monde prenait exemple sur eux, on parlerait moins des effets négatifs du réchauffement climatique...

On a tous des fétiches ?

« J'ai un gros, gros problème : j'ai 12 ans et je dors encore avec des doudous ! Je voudrais bien m'en débarrasser car je trouve que je suis un peu grande pour ça, mais je n'y arrive pas. Aidez-moi ! »
Louise, 12 ans

« Dans ma classe, il y a un garçon qui porte un pendentif. Je lui ai demandé d'où ça venait car je le trouve joli et il m'a dit que c'était un gri-gri. C'est de la magie noire ? » Anonyme

Quelques réponses toutes prêtes...

Si quelqu'un te demande si tu as un porte-bonheur, tu peux toujours répondre :

Version romantique
« Oui... Toi ! »
Anonyme

Version philosophe
« Pas besoin de gri-gri, le bonheur, ça se construit ! »
Adèle

Version scolaire
« Seulement pour les contrôles parce qu'il me faut un max de chance dans ce cas-là ! »
Iona

L'ANTHROPOLOGUE VOUS DIT TOUT

Des gris-gris pas doux doux

Les gris-gris des Indiens arapaho, qui vivaient dans le Colorado, étaient adaptés à chaque situation ! Il en existait de toutes sortes : les Indiens gardaient les cailloux en forme de dents dans l'espoir de pouvoir vivre encore quand ils n'auraient plus de dents. Ils portaient des gâchettes en collier pour faire rater les tirs ennemis. Et ils pensaient que les perles bleues comme la fumée rendaient les combattants invisibles...

Pourquoi ça m'arrive ?

Tu es loin d'être seul à avoir besoin d'un doudou et tu n'as pas à en rougir car il n'y a rien de honteux à cela. Il existe même des adultes encore « accros » à leur doudou et ça ne les empêche pas de vivre normalement ! De plus, pour être tout à fait honnête, tu arrives déjà à te passer de ton doudou la plupart du temps puisque tu ne le retrouves que pour dormir, comme Louise. Les deux tiers restants, tu es « sans » et tu le gères très bien ! D'autre part, si tu interroges ton entourage, tu vas t'apercevoir que pas mal de tes proches ont un objet fétiche ou un porte-bonheur ou un gri-gri comme dans le deuxième témoignage. Parfois c'est un stylo : celui que la personne avait quand elle a signé un document important pour elle. Parfois encore, c'est un bijou qui se transmet de mère en fille depuis des générations. Parfois encore, c'est un objet connoté comme étant un porte-bonheur : un trèfle à quatre feuilles, un fer à cheval, etc. À chacun son objet fétiche pour se rassurer !

Comment faire ?

Ton doudou t'accompagne depuis ta naissance ? Quand tu étais enfant, il avait pour vocation de t'aider à t'apaiser en l'absence de tes parents. Aujourd'hui, il n'a plus vraiment ce rôle transitionnel, mais il a gardé son pouvoir apaisant. C'est pourquoi renoncer à lui n'est pas si facile, surtout si tu lui prêtes certains pouvoirs : celui de te rassurer, de t'aider à t'endormir, à t'apaiser et, pourquoi pas, d'exaucer tous tes vœux les plus chers ! Aussi, rien ne t'oblige à le ranger d'emblée au placard ! Tu peux être plus progressif en le passant par exemple de ton lit à une étagère d'où tu pourras continuer à le voir. Tu peux aussi le prendre en photo et l'avoir dans ton album virtuel sur ton portable, etc. À toi de trouver un stratagème pour ne pas couper les ponts si tu ne te sens pas encore prêt. De toute façon, personne n'a à te juger : toi tu tiens à ton doudou comme d'autres tiennent à des objets qu'ils estiment être des porte-bonheur, et en fin de compte, ça revient au même...

Vrai ou faux ?

Tous les enfants n'ont pas de doudous.

Vrai. Tous les enfants ne s'attachent pas à une peluche, mais la plupart se trouvent un objet qui les apaise et qui peut être une taie d'oreiller, un chiffon, un vêtement, une couverture, etc. Cet objet remplit alors le même rôle que la peluche : apaiser et sécuriser l'enfant lorsque ses parents ne sont pas à ses côtés. Quelques enfants se trouvent un autre rituel, comme toucher leurs cheveux, par exemple.

C'est normal de craindre le pire pour soi ou ses proches ?

« Quand je suis dans le bus le matin, personne ne met sa ceinture. Seulement, nous avons un chauffeur qui roule vite et j'ai vraiment peur… Je n'ose pas m'attacher : je crains les remarques blessantes des autres. Aidez-moi ! » SILA

« J'ai peur de monter en voiture à cause d'un accident. Je ne sais plus quoi faire, ma vie est un cauchemar ! » FAUSTINE, 13 ANS

« Ma sœur a 11 ans et **j'ai toujours peur qu'elle se fasse enlever par quelqu'un** alors j'essaie d'être toujours avec elle. Du coup, **je me prive souvent** d'aller chez une copine ou de me balader. En plus, je pense que ça l'énerve… Comment avoir moins peur ? »
APOLLINE, 12 ANS

Quelques réponses toutes prêtes…

Si tu as un copain obsédé par les attentats ou les accidents, tu peux toujours lui dire :

Version pragmatique
« De toute façon, on est tous mortels, donc ça nous arrivera forcément un jour ! »
ANONYME

Version optimiste
« Oublie le pire, pense au meilleur ! »
THÉNÉNAN

Version prévoyante
« Au moins, tu t'attends à tout ! »
IONA

Version ironique
« Le pire vient de se produire : je t'ai rencontré ! »
ENORA ET LUCIE

L'ANTHROPOLOGUE VOUS DIT TOUT

Une planque pour la vie

Pour se mettre à l'abri du risque de mourir, les Baïla d'Afrique australe placent leur vie dans une cachette, soit dans une autre personne, soit dans un objet. Par exemple, dans une aiguille qui se trouve sur la tête de leurs proches, ou sous l'ongle d'un de ses amis. Les Indiens cherokee plaçaient la vie de leur chef au sommet des arbres pendant la bataille. Comme ça si on tirait sur lui, ils croyaient qu'il ne mourrait pas !

Pourquoi ça m'arrive ?

Du fait de la multiplication des moyens de communication et des supports d'informations (chaînes télévisées, radios, journaux, Internet, etc.), tu peux difficilement échapper aux faits divers les plus sordides, aux annonces d'accidents, d'attentats et autres nouvelles tristes. Et comme elles passent en boucle, il en faut peu pour avoir l'impression que c'est très fréquent alors qu'en réalité, tu n'es quand même pas en danger dès que tu dépasses le coin de ta rue ! Apolline devrait donc se raisonner et arrêter de s'inquiéter à outrance pour sa sœur, d'autant que du haut de ses 12 ans, il paraît peu probable qu'elle puisse faire quoi que ce soit pour la protéger. Il est plus utile d'avoir le réflexe de rentrer dans le premier commerce venu pour demander l'aide d'un adulte en cas de souci. C'est différent pour Sila : s'attacher en bus n'est pas un choix personnel, c'est une obligation légale. Elle n'a donc pas de question à se poser et si des enfants ne sont pas attachés, elle devrait le signaler à un adulte (parents ou directeur de l'établissement scolaire) car il y va de leur sécurité.

Comment faire ?

Il y a une différence entre craindre un évènement qui pourrait se produire – comme être blessé en cas d'accident dans un bus pour ceux qui ne sont pas attachés – et être tétanisé comme Faustine à l'idée de monter dans une voiture. Lorsque la peur fait suite à un traumatisme psychologique, ce qui semble être le cas de Faustine (puisqu'elle a déjà subi un accident), mieux vaut consulter un psychologue. En effet, comme le cerveau a été marqué par l'accident, tout ce qui lui rappelle cet évènement (une odeur, un bruit, un paysage, un contexte, etc.) déclenche à nouveau la peur. Et ça peut durer longtemps. Des techniques existent pour se débarrasser de ce que les professionnels de la santé appellent un stress post-traumatique. Mais si tu n'y as pas recours, le risque est grand que cela retentisse sur ton sommeil, sur ton humeur et sur ta vie sociale. Plus vite il y a une prise en charge, mieux c'est !

Vrai ou faux ?

Les bus scolaires sont impliqués dans une centaine d'accidents par an.

Vrai et l'on déplore sept à huit morts liés à des accidents de bus de ramassage scolaire, chaque année. Une bonne raison pour attacher ta ceinture, quitte à te moquer des moqueries des autres !

J'ai peur de la mort, c'est normal ?

« Depuis un mois, j'ai du mal à m'endormir car je ne fais que de penser à la mort. Ça me stresse et je n'ose pas en parler avec mes parents. Que faire ? » Anonyme

« **Depuis quelque temps, je ne pense qu'à la mort** et pas du bon côté puisque j'en ai peur ! Je suis catholique et les catholiques croient à **la résurrection**, mais moi **j'en doute**, je trouve cela **long l'éternité** ! En même temps, j'ai du mal à croire que quand on meurt, c'est comme quand on dort. On ne pense à rien, je trouve cela étrange. Et puis, tout cela se rajoute au fait que **je doute de l'existence de Dieu et ça m'énerve car j'ai l'impression d'être comme saint Thomas** : je ne crois pas sans avoir vu ! » **Pauline, 14 ans**

« **J'ai peur de mon avenir**, de tout ce qui va se passer, quand ma mère va mourir, quand je vais me retrouver grand-mère et **j'ai plus que peur de la mort ! Toutes ces questions me font pleurer**. Que faire ? » **Jeanne, 12 ans**

« J'ai peur de la mort de mes proches (qui sont en bonne santé), pourquoi ? » **Paula, 11 ans**

Quelques réponses toutes prêtes…

Si tu as un copain qui se pose des questions sur la mort et ce qui se passe après, tu peux toujours lui dire :

Version angélique
« Mais nous resterons deux beaux petits anges, voyons ! »
Anonyme

Version philosophique
« Profite plutôt du moment présent, c'est plus sûr ! »
Thénénan

Version réaliste
« N'ayant jamais été mort, je ne peux pas te répondre ! »
Jean-Victor

Version pragmatique
« On le saura bien assez tôt quand on sera morts ! »
Océane

Version humour noir
« Ce n'est pas ici qu'il faut se poser la question, mais au cimetière ! »
Adèle

L'ANTHROPOLOGUE VOUS DIT TOUT

Pas peur de la « trom » !

Chez les Batak d'Indonésie, on croit que chez les morts tout se fait à l'envers. Ils parlent la même langue que les vivants, mais en inversant le sens des mots : blanc veut dire noir, doux veut dire amer. Le mort marche la tête en bas et fait son marché la nuit…

Pourquoi ça m'arrive ?

Il est normal de te poser toutes ces questions en grandissant, comme Jeanne et Paula, car tu as bien conscience que tes parents ne sont pas immortels, et donc qu'ils ne sont pas invulnérables. Peut-être as-tu d'ailleurs perdu récemment un de tes grands-parents ou une personne plus jeune de ton entourage, victime d'une maladie grave ou d'un accident ? Si c'est le cas, sans doute trouves-tu cela injuste et éprouves-tu de la peine... Pour peu que la mort ait frappé sans que tu t'y attendes (ce qui est le cas lors d'un accident), cela peut réveiller une autre crainte chez toi : celle que demain, ce soit un autre proche et ainsi de suite. Les religions tentent de donner un sens à cela, mais tout le monde n'est pas croyant et même si tu as reçu une éducation religieuse, tu peux être en proie à des doutes, comme Pauline. D'un côté, douter est une source d'inquiétude, mais d'un autre, cette faculté que tu as de te poser des questions, de ne pas tout prendre pour argent comptant, est aussi une force : c'est ce qui va t'aider dans la vie à te forger ta propre opinion et à prendre tes propres décisions.

Comment faire ?

L'immortalité, ce n'est pas encore pour aujourd'hui (et pas forcément souhaitable) ! Mais il y a une différence entre mourir dans un très proche avenir et mourir dans quatre-vingts ans ! Or même si tu ne peux pas tout maîtriser, il y a quand même pas mal de points sur lesquels toi et tes proches pouvez agir : ce sont les principales causes de décès prématurés comme les conduites à risque et tout ce qui peut nuire à la santé en général (l'alcool, le tabac, les drogues, une mauvaise hygiène de vie, etc.).

C'est normal de vouloir tout contrôler ?

« J'ai peur de faire de mauvais choix, pour mon orientation, pour mes loisirs et même pour mes amis ! Comment faire pour garder le contrôle et ne rien regretter un jour ? »
Anonyme

« Je jouais avec ma webcam quand, sans le faire exprès, je me suis photographiée en chemise de nuit. J'ai peur que la photo soit publiée ou que des personnes y aient accès. Que faire ? Je n'ose pas en parler à mes parents. » Kim

Quelques réponses toutes prêtes…

Si d'autres collégiens veulent te pousser à faire de mauvais choix et/ou des choix risqués et donc à leur laisser le contrôle de ta vie, tu peux toujours répondre :

Version publicité
« Sur mon front, y a pas marqué la poste ! »
Anonyme

Version « je sais ce que je veux »
« C'est moi qui décide pour moi ! »
Océane

Version fin de non-recevoir
« Je vais te la faire courte : c'est NON ! »
Maxime, Zoé, Margaux et Iona

Version « c'est celui qui dit qui fait »
« Vas-y toi-même ! Montre ! »
Lucie et Enora

L'ANTHROPOLOGUE VOUS DIT TOUT

T'as pas vu mon âme ?

Pour les Indiens d'Amérique du Sud, un reflet ou une photographie représentent l'âme de la personne. On peut ainsi perdre son âme ou se la faire voler et il y a des sorciers spécialisés dans le ramassage des âmes égarées. Posséder l'âme de quelqu'un permet de lui voler sa personnalité et d'en faire un automate !

Pourquoi ça m'arrive ?

Vouloir tout contrôler – ton corps, ton image, ton avenir, tes relations, etc. –, cela peut sembler être la solution idéale dans un monde perçu comme instable, mais en réalité, cela demande une énergie folle et comme c'est voué à l'échec (personne n'arrive à tout contrôler), c'est forcément une source de désillusion.
À l'inverse, ne rien contrôler du tout et laisser la vie décider de tout à ta place, c'est subir les évènements au risque de les regretter plus tard. Idéalement, il faut savoir surfer entre ces deux extrêmes : faire certains choix importants, oui, mais pas au point de rester figé dans ta décision si une occasion se présente, bref, savoir lâcher prise quand l'expérience peut valoir la peine d'être tentée !

Comment faire ?

Vouloir contrôler sa vie est une chose, vouloir contrôler ce qui est étalé de sa vie sur Internet en est une autre. Comme il est impossible de contrôler ce qui est mis en ligne, il vaut mieux te montrer prudent, sans pour autant virer à la paranoïa. Si Kim était en train de discuter avec un tiers, la webcam allumée, ce dernier peut effectivement avoir fait un film ou pris des photos durant leur tchat. Si Kim était seule et qu'elle a juste fait une photo à partir de sa webcam, sans la poster à qui que ce soit ni sur aucun des réseaux sociaux existants, il n'y a aucune raison pour que cette photo soit publiée. Dans le doute, il vaut toujours mieux en parler à un adulte de confiance (parent ou autre) plutôt que de rester seul avec son angoisse de s'être fait piéger. Et si tel est le cas, il faut savoir relativiser : une photo a été publiée alors que tu ne le souhaitais pas ? C'est une atteinte au droit à l'image et si la personne qui a publié ta photo ne la retire pas, tu peux la menacer d'un procès.
Tu peux aussi exiger du site qui publie ta photo qu'il la retire en signalant que son contenu est inapproprié.

Vrai ou faux ?

Publier une photo de quelqu'un sans son accord peut valoir de la prison.

Vrai, si la photo est compromettante et qu'elle lui porte préjudice. Il y a déjà eu des jugements rendus dans ce sens, et le fait d'avoir agi sous le coup de la jalousie n'a pas été retenu comme motif suffisant !

Si tout le monde a peur, c'est que c'est justifié ?

« **Je suis tout seul à le penser** ou **les actualités servent surtout à nous faire peur ?** Entre le chômage, les nouveaux virus, les attentats, les agressions, je n'entends **pas beaucoup de bonnes nouvelles** et **ça finit par me stresser** moi aussi ! »

Anonyme

« Je ne sais pas quoi penser des avions qui s'écrasent, des attentats, etc. Tout cela me fait très peur et je ne suis pas la seule ! »

Anonyme

Quelques réponses toutes prêtes…

Si tes parents te demandent pourquoi tu ne t'intéresses pas aux actualités, tu peux toujours répondre :

Version désabusée

« Pfff, toutes les mêmes ! »

Anonyme

Version ado

« Je suis trop jeune pour ça ! »

Kevin

Version réaliste

« Ça ne parle que de malheurs dans le monde, berk ! »

Adèle

Version chauvine

« Il n'y a jamais rien d'intéressant sur ce qui se passe dans ma région ! »

Iona

L'ANTHROPOLOGUE VOUS DIT TOUT

Le paradis après l'enfer

Des missionnaires de Nouvelle-Guinée ont raconté qu'un prophète papou a annoncé un jour aux membres de sa tribu qu'il y aurait au cours de la prochaine pleine lune un tremblement de terre, suivi d'une éruption et d'un raz de marée. Mais il a ajouté qu'ensuite, pendant mille ans, on mangerait tout ce qu'on voudrait sans jamais travailler… Une bonne façon de donner du courage pour traverser les pires épreuves !

L'AVIS DU DOC

Pourquoi ça m'arrive ?

Les Gaulois avaient peur que le ciel leur tombe sur la tête, et pourtant ce n'est jamais arrivé ! Le fait qu'un groupe plus ou moins important prenne peur de façon collective signifie simplement qu'il a reçu les mêmes informations inquiétantes, mais pas que ces informations reposent sur des éléments vérifiés. Ce ne serait d'ailleurs pas la première fois que des populations sont manipulées par des personnes mal intentionnées qui, elles, peuvent tirer profit de ces peurs collectives. C'est même le propre des dictateurs : pour asseoir leur autorité, ils jouent sur les peurs collectives et se présentent en sauveurs contre le reste du monde alors qu'en réalité, ils ne font qu'isoler leur peuple pour mieux l'asservir. Dans un autre registre, se servir des peurs collectives pour pousser une population à acheter ce dont elle n'a pas besoin, ça marche aussi ! Les industriels, qui l'ont bien compris, se servent ainsi de la peur collective des bactéries pour pousser le plus grand nombre de foyers à acheter des produits censés désinfecter la maisonnée du sol au plafond. Or les scientifiques sont formels : à trop utiliser ces produits antibactériens, on favorise surtout l'émergence de germes encore plus agressifs et résistants !

Comment faire ?

Le premier réflexe, quand tout le monde a peur autour de soi, c'est d'avoir peur car l'angoisse est contagieuse. Or quand tu as peur, tu réagis sous le coup de l'émotion et non pas sous l'empire de la raison. Il faut donc commencer par te calmer en respirant amplement et en te demandant sur quoi repose cette nouvelle peur. Bien souvent, tu t'apercevras qu'elle ne repose sur rien de bien concret, ou alors, rien d'assez grave pour justifier une panique générale. Tu as un cerveau qui te permet de réfléchir et de relativiser, alors sers-t'en ! À l'inverse, cela ne veut pas dire qu'il faut fermer les yeux sur tout : certaines peurs collectives peuvent être justifiées et méritent qu'on s'organise pour y apporter une réponse collective et constructive : c'est par exemple le cas de la peur des dérèglements climatiques et/ou des attentats et/ou de certaines maladies infectieuses...

Vrai ou faux ?

Les grandes peurs collectives assurent aussi la cohésion sociale.

Vrai. Même si ce n'est pas forcément pour la bonne cause, il est prouvé que les grandes peurs collectives rapprochent ceux qui ont peur car ils se sentent alors unis par un même combat. Et c'est inquiétant quand on sait que, d'un côté, la peur augmente les réactions de rejet et d'animosité et que, d'un autre côté, elle engourdit les capacités de réflexion !

Qu'est-ce qu'il y a de vrai dans tout ça ?

« J'ai peur que mon père m'oublie car il a des journées vraiment chargées et j'ai peur que plus vieux, il ait la maladie d'Alzheimer car il oublie tout. Que faire ? » Lola, 13 ans

« Dans ma famille, parfois, **les adultes parlent d'invasion et ça me fait très peur**. Mais quand je leur pose la question, **ils me disent que ce n'est rien**, que c'est juste histoire de parler et que **je n'ai rien à craindre**. Du coup, **je ne sais plus quoi penser !** » Anonyme

Quelques réponses toutes prêtes…

Si quelqu'un te traite de poule mouillée, tu peux toujours répondre :

Version ironique

« C'est vrai qu'avec toi à mes côtés, je n'ai aucune raison d'avoir peur ! »
Anonyme

Version ça craint

« Arrête, tu me fais peur ! »
Pierre

Version poulette

« Cot, cot ! Tu sais ce qu'elle te dit la poule mouillée ? »
Mathilde

L'ANTHROPOLOGUE VOUS DIT TOUT

Peur de tout

Quand on appartient à une tribu, on ne connaît qu'elle et on a peur de tout ce qui vient de l'extérieur : des mauvais esprits, de la fatalité, du mauvais œil, des morts, des autres clans… On pense que rien n'arrive par accident, tout malheur, toute réussite trop grande ne peuvent être que le résultat d'un ensorcellement. En Papouasie, par exemple, si quelqu'un est emporté par un crocodile en se baignant dans la rivière, on ne va pas accuser le crocodile, mais chercher quel sorcier a commandé au crocodile d'emporter tel membre du clan !

Pourquoi ça m'arrive ?

Des gens qui n'ont jamais peur de rien, tu en connais, toi ? Évidemment que non, ou alors ce sont de gros vantards ! Tout être vivant a des peurs individuelles plus ou moins fondées. Par exemple, une famille vivant dans un pays tropical où les insectes peuvent transmettre de nombreuses maladies a des raisons d'avoir peur des moustiques alors que ce type de crainte relève plutôt du fantasme si elle touche une famille vivant dans une zone tempérée. Pour autant, une famille occidentale peut avoir peur d'autres pathologies comme les cancers car la probabilité qu'elle y soit confrontée est déjà plus élevée.

Comment faire ?

Avoir peur permet de prendre conscience d'un éventuel danger, mais il ne faut pas prendre pour argent comptant tout ce qu'on te raconte. Il faut réfléchir ! Commence donc par te demander quelle est la probabilité que ce qui te fait peur survienne.

Si ta crainte, c'est qu'un proche ait la maladie d'Alzheimer, effectivement, c'est possible : étant donné la fréquence de la maladie, beaucoup de familles sont déjà touchées de près ou de loin. Mais il existe des consultations mémoire utiles au diagnostic et des traitements à prendre précocement pour retarder le plus possible les symptômes de la maladie, lorsque le diagnostic est posé. Ce que peut faire Lola, c'est donc de discuter de ses craintes avec sa mère et, si cette dernière a aussi remarqué que son mari avait des oublis fréquents et importants – comme ne plus se souvenir d'un chemin déjà emprunté –, inciter cet homme à consulter pour savoir ce qu'il en est vraiment. Au moins quand on sait, on peut agir ! Le second témoin, quant à lui, s'inquiète parce qu'il a entendu une partie d'une conversation à laquelle il ne participait pas. Sa crainte ne repose donc pas sur des faits concrets, mais sur le ressenti de quelques personnes de son entourage et peut-être sur une mauvaise interprétation de ce qu'ils se disaient. Pour effacer ce genre de peur individuelle, il suffit de prendre cinq minutes pour se demander sur quoi elle repose : sur rien en fait ! Quand tu vis dans la crainte perpétuelle qu'il survienne un jour quelque chose de grave, tu risques surtout de passer à côté de l'instant présent et c'est dommage.

Vrai ou faux ?

Moins on a d'informations sur un sujet qui nous fait peur et pire c'est.

Vrai. Plus c'est vague, moins c'est précis, et plus ça effraie ! C'est pourquoi, lorsque tu as peur de quelque chose, le mieux est de te renseigner le plus possible en te tournant vers des personnes compétentes sur le sujet (car sur Internet, on trouve tout et son contraire).

C'est vraiment risqué les vendredis 13 ?

« Ma mère joue toujours au loto les vendredis 13 : elle dit que ça porte bonheur (et non malheur), mais en fait, elle n'a jamais rien gagné ! Et quand je lui dis qu'elle est superstitieuse, elle dit que non. Pourquoi est-ce qu'elle le fait, alors ? »

ANONYME

« Je ne pense pas être superstitieuse et pourtant, j'ai très peur de passer sous une échelle, pourquoi ? »

ANONYME

Quelques réponses toutes prêtes…

Si quelqu'un se moque de toi parce que tu n'aimes pas les vendredis 13, tu peux toujours lui dire :

Version preuve à l'appui

« Les vendredis, j'ai cours de 8 h à 18 h et les pires matières de la semaine. Alors trouve-moi une seule bonne raison d'aimer le prochain vendredi 13 ? »

GABIN

Version boomerang

« Chut ! Ça porte malheur de parler des superstitions ! »

Version médicale

« Triskaïdékaphobique* toi-même ! »

(*Si t'as peur du nombre 13, tu l'es !)

ANONYME

Version jeu de mots

« Le vendredi 13, non, mais le samedi 14, ça me dit (sa-me-di) ! »

ADÈLE

L'ANTHROPOLOGUE VOUS DIT TOUT

Ni mardi ni vendredi

Sais-tu que chez les Espagnols, ce n'est pas le vendredi 13 qui porte malheur mais le mardi 13 ? Le mot « mardi » (*martes* en espagnol) vient de Mars qui est le dieu de la guerre et de la violence…

Pourquoi ça m'arrive ?

Il existe énormément de croyances et de superstitions, souvent en rapport avec le mode de vie d'autrefois ou la religion (ce qui est le cas du nombre 13 qui fait référence au fait que Jésus et ses apôtres étaient treize à table juste avant que Judas ne le trahisse). Comme ces croyances se transmettent de génération en génération, même si tu n'y crois pas vraiment, tu peux avoir le réflexe d'éviter de te mettre dans certaines situations (comme passer sous une échelle). À l'inverse, tu peux aussi faire ce qui est censé te protéger ou te porter bonheur, simplement « pour le cas où » il y aurait quand même un peu de vrai là-dedans ! C'est probablement ce que fait la maman du premier témoin et c'est aussi ce que font beaucoup de personnes, de façon plus ou moins consciente. Ainsi, si on t'a répété depuis que tu es tout petit qu'il ne faut pas passer sous une échelle, peut-être évites-tu de passer dessous sans même y prendre garde et ça n'a aucune conséquence. De même, si tu es convaincu que les trèfles à quatre feuilles portent bonheur et que tu en trouves un avant un examen, ça ne peut que t'aider à avoir une plus grande confiance en toi !

Comment faire ?

Tant que tes superstitions ne te pourrissent pas la vie quotidienne en étant trop contraignantes, ce n'est pas un problème. Certains psychologues estiment qu'elles aident même à lâcher prise en mettant un peu de magie dans nos vies et que, si cela nous rassure ou nous aide à moins stresser, c'est plutôt bénéfique finalement. Évidemment, c'est différent si tes superstitions virent à l'obsession : si tu t'interdis certaines actions et que tu t'obliges à en faire d'autres, non pas par envie mais simplement par superstition, et que cela te prend de plus en plus de temps dans ta vie quotidienne, il vaut mieux en parler à un médecin et/ou à un psychologue.

Vrai ou faux ?

Les chats noirs portent malheur.

Supposés incarner le diable au XIIIe siècle, les chats noirs étaient évités comme la peste. Ce n'est qu'une vieille croyance. Toi, tu ne risques rien si tu en croises un : c'est donc en partie faux. Mais un chat noir a une probabilité plus grande de se faire renverser par une voiture s'il traverse une route de nuit. Et pour les chats noirs en refuge, ils ont effectivement moins de chances d'être adoptés que les autres, ce qui est un malheur pour eux !

Les rêves sont-ils prémonitoires ?

« L'autre nuit, j'ai rêvé (ou plutôt cauchemardé) que ma famille avait un accident grave et depuis, j'ai peur que cela arrive pour de vrai. Comment savoir si un rêve est prémonitoire ? »

Anonyme

« J'ai rêvé que j'étais mariée avec mon meilleur ami. Est-ce que cela signifie que je suis amoureuse de lui ? On se connaît depuis la maternelle et je n'ai jamais pensé à lui autrement qu'en ami. »

Anonyme

Quelques réponses toutes prêtes…

Si un ami t'assure que les rêves sont prémonitoires, tu peux toujours lui dire :

Version prédiction

« Incroyable ! Figure-toi que cette nuit, j'ai rêvé que tu me donnais ta nouvelle console et tous les jeux qui vont avec ! »
Anonyme

Version « crache le morceau »

« OK, alors avec qui je vais sortir, dis-le-moi vite ! »
Enora et Zoé

Version dubitative

« C'est cela oui ! Et ma chaise me parle aussi !… »
Lucie et Iona

L'ANTHROPOLOGUE VOUS DIT TOUT

Le rêve qui rend malade

Les Indiens d'Amérique du Nord pensaient que les rêves pouvaient causer la maladie ou la mort. Sauf si le rêveur récitait à son réveil une prière au Soleil pour demander la bonne santé. Mais s'il ne se souvenait plus de son rêve, la maladie arrivait. Le médecin (ou chamane) ne pouvait le guérir qu'en essayant à tout prix d'obliger son patient à s'en souvenir !

L'AVIS DU DOC

Pourquoi ça m'arrive ?

Les rêves jouent un rôle fondamental dans les processus de mémorisation. Ils peuvent te sembler bizarres parce qu'ils mélangent à la fois des faits réels et d'autres, imaginaires et/ou liés à des émotions fortes. Ainsi, lorsque tu regardes un film violent le soir, il ne faut pas t'étonner de faire des cauchemars la nuit suivante. C'est probablement ce qui est arrivé au premier témoin, qui peut donc se rassurer : ce n'est pas parce qu'il a rêvé qu'il arrivait malheur à ses proches que cela va se produire. Quant au second témoignage, il n'a rien non plus de prémonitoire : rêver de son meilleur ami, c'est normal puisque c'est une tête connue et donc bien ancrée dans la mémoire. Rêver d'être marié est également banal : cela peut faire suite à un film mettant en scène un couple qui se marie ou à l'annonce d'un mariage dans la famille ou au fait d'être amoureux, mais pas forcément de celui ou celle qui apparaît dans ton rêve !

Comment faire ?

Tu peux difficilement contrôler tes rêves, mais tu peux au moins limiter les risques de faire des cauchemars en évitant tout ce qui est violent (jeux vidéo inclus), surtout le soir. Et si, malgré tout, tu fais un rêve ou un cauchemar qui te met très mal à l'aise, dis-toi bien qu'il n'a rien de réel : c'est juste que, lorsque tu dors, ton cerveau trie toutes sortes d'informations qu'il a reçues dans la journée pour savoir lesquelles garder et lesquelles oublier. Et ce sont ces informations qui, mélangées ensemble, finissent par donner des rêves bizarres ! Malgré tout, si à la suite d'un évènement traumatisant ancien ou récent tu fais toujours le même cauchemar, mieux vaut en parler au médecin car il peut s'agit d'un stress post-traumatique et, cette fois, ça mérite d'être pris en charge pour en finir avec cette anxiété dévorante.

Vrai ou faux ?

Les animaux aussi rêvent !

Vrai. Les mammifères et les oiseaux peuvent rêver à quelques exceptions près, c'est prouvé. D'ailleurs, si tu as un chien ou un chat chez toi, sans doute l'as-tu déjà vu dormir tandis que ses pattes s'agitent comme s'il courait tout en poussant des petits cris. À ce moment-là, il rêve probablement qu'il est en train de chasser, de se promener ou de jouer !

Avoir des rituels, c'est grave ?

« J'ai un problème qui me gêne beaucoup : je n'arrive pas à m'endormir sans une bière. Mes amis me traitent d'alcoolique, ils me conseillent même d'aller voir un psychologue. C'est grave ? » Hugo

« Tous les jours, **en rentrant du collège, je vais faire deux ou trois boutiques avec des copines. Souvent, je n'achète rien** et d'ailleurs, il n'y a pas tous les jours du nouveau dans les magasins, **mais si je ne le fais pas, je n'arrive pas à me plonger ensuite à fond dans mes devoirs**, pourquoi ? »
Anonyme

Quelques réponses toutes prêtes…

Si quelqu'un se moque de tes manies (rituels), tu peux toujours répondre :

Version dicton
« Une manie de perdue, dix de retrouvées ! »
Anonyme

Version ironique
« C'est vrai que t'écouter est un rituel stupide ! »
Enora

Version « toi-même »
« Mes manies, c'est rien à côté des tiennes ! »
Iona

L'ANTHROPOLOGUE VOUS DIT TOUT

Jamais déboussolé

La société indonésienne est très ritualisée. Chaque Balinais dort la tête tournée vers la montagne, où il pense que résident les dieux. Avant de commencer un travail, il se renseigne chez un prêtre pour trouver le meilleur moment. Tous les jours, il présente des offrandes aux dieux dans les temples. Et il lui faut aussi apaiser les points cardinaux en sacrifiant des animaux : au nord, au sud, à l'est et à l'ouest ! Il doit se lever à l'aube pour avoir le temps de faire tout ça !

Pourquoi ça m'arrive ?

Les petites manies ou rituels servent avant tout à rassurer : elles reviennent tous les jours, ce qui a un côté apaisant. Ce n'est d'ailleurs pas un hasard si l'un des premiers rituels de l'enfance est l'histoire du soir, avant le coucher ! En plus de ce côté rassurant, les rituels permettent de se mettre en condition pour aller se coucher (avec la lecture du soir) ou pour faire ses devoirs (comme pour le deuxième témoin qui ressent le besoin de faire les boutiques avant de travailler). Les rituels jouent enfin un rôle de cohésion quand plusieurs personnes s'y mettent : par exemple, la façon très particulière dont se saluent certains jeunes signifie qu'ils appartiennent au même groupe d'amis. Si la plupart des rituels ont donc du bon, certains peuvent s'avérer toutefois dangereux et boire de l'alcool le soir comme le fait Hugo en est un. En effet, l'alcool a tendance à diminuer l'anxiété sur le moment mais il perturbe le sommeil en le rendant moins réparateur, d'où un stress encore plus grand le lendemain. Les amis d'Hugo ont donc raison de l'alerter : il devrait consulter un médecin avant de se sentir obligé d'augmenter sa consommation d'alcool pour diminuer son anxiété.

Comment faire ?

Il faut savoir accepter ses propres petites manies et celles des autres, tant qu'elles ont des vertus apaisantes et qu'elles ne retentissent pas de façon négative sur le quotidien. Pour celles qui sont néfastes, il faut essayer de les remplacer par d'autres, sans danger : par exemple, Hugo peut essayer de troquer sa bière du soir contre une autre boisson sans alcool qu'il affectionne. Au début, il se sentira peut-être un peu frustré, mais il finira par s'y faire. Et si ça ne fonctionne pas, il peut carrément mettre en place un autre rituel comme écouter une musique qu'il aime.

Vrai ou faux ?

Certains rituels peuvent cacher un TOC.

Vrai. Si ces manies deviennent de plus en plus envahissantes et que tu as le sentiment que l'absence d'observation stricte de tes rituels aura des conséquences graves pour toi ou pour tes proches (pensées intrusives, obsédantes et sans fondement), il faut consulter. Peut-être ne s'agit-il plus de simples manies, mais d'un trouble obsessionnel compulsif (TOC) qu'il faut traiter avant qu'il ne provoque une gêne trop importante.

Des astuces pour changer ce qui ne va pas chez soi, ça existe ?

« Est-ce vrai que dormir sur le ventre peut stopper le développement de la poitrine ? Si oui, est-ce bien de dormir sur le dos ? »
Anonyme

« Mes copines font déjà du C alors que moi, je mets un bonnet A. Elles se moquent de moi. Comment faire pour avoir plus vite une grosse poitrine, sans passer par la chirurgie esthétique car ma mère ne sera pas d'accord ? »
Anonyme

« J'ai lu qu'on pouvait avoir un plus gros pénis en le musclant. Quels exercices faut-il faire ? »
Anonyme

Quelques réponses toutes prêtes...

Si on te propose des pilules magiques pour devenir un top-modèle, tu peux toujours répondre :

Version ironique

« Vu le résultat sur toi, j'ai quand même quelques doutes sur son efficacité ! »
Enora

Version sage

« Essaie d'abord, je verrai ensuite ! »
Adèle

Version bien dans sa peau

« Mais je suis très bien comme je suis ! »
Océane

L'ANTHROPOLOGUE VOUS DIT TOUT

Le regard qui grandit

Les offrandes de nourriture et le regard sont les deux relations essentielles chez les Indiens wai-wai d'Amazonie. En effet, ils croient que c'est en regardant leurs enfants qu'ils les font grandir !

Pourquoi ça m'arrive ?

À un âge où ton corps connaît beaucoup de changements sous l'influence de tes hormones, il est normal d'avoir envie que ces changements se fassent plutôt à ton avantage. C'est d'ailleurs ce qui se passe : tu prends des centimètres, les garçons commencent à se muscler et les filles, à avoir de la poitrine. Mais comme ces changements ne vont pas toujours aussi vite que tu le voudrais et/ou ne vont pas toujours aussi loin que tu aimerais, tu cherches des astuces pour optimiser les résultats. Au risque de te décevoir, on doit dire que la plupart d'entre elles ne fonctionnent pas : ta position pour dormir la nuit n'a pas d'influence sur la poussée de ta poitrine. Et il n'existe pas non plus d'exercices musculaires capables de faire grossir les seins, qui sont surtout composés de graisse et de la glande mammaire. Enfin, un pénis ne se transforme pas avec des exercices de musculation pour la simple raison qu'il n'est pas composé de muscles, lui non plus ! Un pénis comprend deux corps caverneux, c'est-à-dire du tissu érectile qui se gorge de sang au moment de l'érection...

Comment faire ?

Si tu manques de moyens d'action sur des parties ciblées de ton corps, tu peux tout de même agir sur ton allure générale : avoir une bonne hygiène de vie, manger sainement (plus de fruits et de légumes, moins de nourriture molle et de friandises), faire régulièrement du sport ou des activités de plein air, ne pas fumer, te coucher avant 23 heures, tout cela t'aide à avoir une silhouette harmonieuse. Après, c'est facile de jouer sur une tenue vestimentaire ou une coiffure pour qu'elle te mette en valeur. Et si en plus tu es souriant et avenant, alors là, c'est gagné !

Vrai ou faux ?

Les ados ne sont pas les seuls à vouloir changer leur corps.

Vrai. Selon un sondage de la plateforme d'opinion Mingle Trend, 67 % des Français aimeraient changer au moins une partie de leur corps, et parmi eux, 10 % des seniors aimeraient même tout changer ! Les personnes contentes de leur sort sont en minorité : 42 % des hommes et 24 % des femmes seulement estiment ne rien vouloir modifier. Au-delà de ces chiffres ponctuels se cache une réalité beaucoup plus triste : l'importance délirante qu'a pris l'aspect physique dans les médias et dans la société. Heureusement, il n'y a pas besoin d'être un top-modèle pour être heureux dans la vie : ne l'oublie jamais !

C'est vraiment grave de rompre un secret ?

Quelques réponses toutes prêtes…

Si un ami te demande si tu es capable de garder son secret, tu peux toujours lui dire :

Version 007
« On se connaît ? »
Anonyme

Version un pour tous, tous pour un
« Un ami, ça se respecte ! Son secret aussi ! »
Arthur

Version secrète
« Oui ! Mais ne le répète pas, c'est un secret ! »
Jonathan

Version test
« Confie-moi ton secret et tu verras bien ! »
Océane

Version prudente
« Autant le dire à personne ! »
Adèle

Version futée
« T'ai-je jamais confié tous les secrets que l'on m'a révélés sur toi ? Non, bon alors ! »
Zoé

« Je n'en peux plus ! J'ai une très bonne amie qui me fait la tête parce que j'ai dit quelque chose que je n'avais pas le droit de dire. Ça me rend très triste, comment me rattraper ? »
Emma, 13 ans

« **J'avais dit un secret** à ma petite sœur et elle s'est empressée de le **rapporter à ma mère**, ce qui m'a valu des ennuis. Je lui en veux terriblement, **jamais je ne pourrai lui pardonner !** Comment a-t-elle pu me faire ça ? » **Anonyme**

« J'ai un ami qui a un défaut : il est incapable de garder un secret ! Du coup, je ne lui confie rien, mais il m'en veut et me dit que ça le rend triste, que je ne le considère pas comme un ami, ce qui est faux ! Comment faire ? » Mathilde

L'ANTHROPOLOGUE VOUS DIT TOUT

Bouche cousue

Dans les tribus, c'est aussi au moment de l'adolescence qu'a lieu la cérémonie d'initiation, qui comporte toujours la transmission de secrets qui ne doivent pas être révélés. Chez les Bwete du Gabon, on dit à ce moment-là du jeune initié qu'il a désormais « la feuille sur la langue » !

L'AVIS DU DOC

Pourquoi ça m'arrive ?

Quand tu confies un secret à quelqu'un, c'est une marque de confiance. Ce faisant, tu lui montres qu'il n'est pas n'importe qui à tes yeux, et en retour, tu attends qu'il te prouve que tu n'es pas n'importe qui pour lui en ne divulguant pas ton secret. Du coup, si cela se produit comme dans les deux derniers témoignages, celui qui a confié un secret se sent trahi. Mais avant de dire que tout est de la faute de celui qui a divulgué l'information, il faut se poser les bonnes questions ! En effet, ce n'est pas du tout pareil s'il l'a fait dans le but de te nuire, ou dans le but de se mettre en avant, ou parce qu'il considère que tu étais en danger. Si ton secret est que tu as déjà touché à de la drogue, que tu es victime de racket ou que tu as d'autres ennuis graves, en avoir parlé à un adulte de confiance est une attitude responsable et c'est une belle preuve d'amitié !

Comment faire ?

Si c'est toi qui as été trahi, essaie de comprendre quelles étaient les motivations réelles de celui qui n'a pas su garder ton secret. S'il croyait sincèrement te venir en aide en agissant de la sorte, il serait dommage d'en finir avec votre amitié. À l'inverse, si c'est toi qui as dévoilé le secret, comme Emma, demande-toi pourquoi tu l'as fait : est-ce parce que tu es incapable de garder un secret ? Ou parce que tu n'avais pas vraiment compris à quel point c'était important pour ton ami que ça reste entre vous ? Ou parce que tu pensais que ça l'aiderait ? Dans tous les cas, explique-toi avec lui, quitte à lui faire tes plus plates excuses si tu as commis une erreur sans mesurer les conséquences de ton acte. Tout le monde peut se tromper ! Être amis, c'est aussi apprendre à se pardonner pour repartir sur de bonnes bases !

Quand on n'ose pas en parler c'est forcément tabou ?

« Je n'aime pas la viande et je voudrais devenir végétarienne. Le problème, c'est que mon père travaille dans une charcuterie, il ne comprendrait pas ! Je ne sais pas comment le dire à mes parents. » **Alice, 13 ans**

« **Mes parents sont assez religieux et on ne parle jamais de sexualité à la maison**. Mais j'ai un petit ami et je voudrais pouvoir **parler avec ma mère de la contraception**, comment faire sans risquer qu'elle se fâche ? Pour elle, avoir **des rapports avant le mariage**, c'est **la catastrophe nationale** ! »

Anonyme

Quelques réponses toutes prêtes...

Si tes parents te posent des questions sur tes convictions mais que tu n'as pas envie d'en parler, tu peux toujours répondre :

Version tabou

« Bah, c'est tabou, n'en parlons plus ! »
Anonyme

Version agressive

« De quoi je me mêle ? »
Pierre

Version fin de non-recevoir

« Je ne parle jamais de choses qui fâchent ! »
Adèle

L'ANTHROPOLOGUE VOUS DIT TOUT

Mon oncle est un lézard

Dans les tribus, la plupart des tabous sont liés au sentiment d'appartenance à un clan animal. Dans ce cas, il est interdit de manger, de chasser ou de pêcher cet animal. Dans le Nord-Ouest algérien, une tradition populaire veut que la couleuvre soit protectrice de la maison et berce les nouveau-nés, qu'on appelle ses frères de lait. Les Touaregs, pour des raisons analogues, ne mangent pas les lézards et les poissons car ils les déclarent leurs oncles maternels !

Pourquoi ça m'arrive ?

Un sujet est dit tabou lorsque ça ne se fait pas de l'évoquer, soit pour des raisons morales, soit pour des raisons religieuses, soit parce qu'il y a déjà eu des histoires familiales à ce propos dans le passé et que ça s'est mal terminé. Selon que, dans ta famille, on parle de tout librement ou pas, il peut donc y avoir un peu ou beaucoup de sujets tabous. Par exemple, dans certaines familles, il est difficile de parler de contraception. Dans d'autres, c'est l'homosexualité qui est encore taboue. Dans d'autres encore, c'est d'évoquer la mort. Dans d'autres enfin, c'est de refuser de reprendre l'affaire familiale transmise de génération en génération, ce qui n'est pas envisageable !

Comment faire ?

Est-il absolument nécessaire de lancer un sujet tabou au risque de mettre tout le monde mal à l'aise ? Cela dépend de l'importance que tu prêtes au sujet. Si ça concerne la contraception comme dans le deuxième témoignage et que, pour tes parents, c'est un sujet vraiment tabou, peut-être peux-tu éviter d'en parler avec eux : en effet, il y a d'autres endroits où t'informer (comme le Planning familial, le cabinet du médecin, l'infirmerie scolaire, etc.) pour avoir tous les renseignements dont tu as besoin. Sujet tout aussi important : ton avenir – comme choisir une voie professionnelle qui déplaît fortement à tes parents mais qui est ta vocation –, qu'il va bien falloir mettre sur la table ! Toute la question est alors de savoir comment t'y prendre. Si tu penses qu'en disant directement ce que tu veux faire, tu vas droit au clash, ce qui n'est jamais très constructif, utilise un moyen plus subtil pour éviter que tes parents se sentent pris au piège. Par exemple, dis-leur que tu as lu un article sur un métier (concernant la voie professionnelle que tu aimerais suivre) et que tu l'as trouvé intéressant (ou pour Alice, dis que tu as lu un article sur les végétariens). Cela te permet de lancer la discussion de façon neutre et de comprendre ce qui bloque tes parents à ce sujet. Reviens plus tard (gentiment) à la charge en disant par exemple que tu n'imaginais pas que cette voie professionnelle ouvrait de telles perspectives (ou que les végétariens ont rarement des problèmes de surpoids, ce qui est un avantage). En parlant ainsi petit à petit de ce qui te tient à cœur, mais qui est initialement tabou pour le reste de ta famille, tu vas les aider à prendre de la distance, à y réfléchir eux aussi et finalement à trouver que cela mérite peut-être qu'on y regarde de plus près. À partir de là, c'est gagné !

Vrai ou faux ?

En France, l'argent est souvent tabou.

Plutôt vrai ! Peu de personnes osent dire combien elles gagnent vraiment ! C'est exactement l'inverse aux États-Unis parce que, dans la culture américaine, une personne a d'autant plus de valeur qu'elle gagne beaucoup d'argent et/ou qu'elle réussit socialement...

INDEX

L'éditeur remercie vivement les collégiens de la classe de 4e A (2014-2015)
du collège-lycée de Pommerit-Jaudy (Bretagne)
qui ont accepté de participer à l'écriture de cet ouvrage
et tout particulièrement Janine Troadec, leur responsable du collège,
qui s'est beaucoup investie pour la mise en place de cette collaboration.

Sélection du courrier des lecteurs d'*Okapi* : **Isabelle Breton**
Les témoignages sont issus de la rublique : **On se dit tout.**

www.okapi.fr
blog.okapi.fr

Mise en page : **Benoît Beracassat - Mathieu Lor**
Conception éditoriale : **Bayard Éditions**
Conception graphique : **Studio Bayard Éditions**

MIXTE
Papier issu de sources responsables
FSC® C118234

18 rue Barbès, 92128 Montrouge
ISBN : 979-1-0363-1098-0
Dépôt légal : septembre 2019

Loi n° 49-956 du 16 juillet 1949 sur les publications destinées à la jeunesse
Imprimé en Slovénie par GPS en janvier 2021